KB112697

부동산, 마곡이 미래다!

| 저자 커뮤니티

- 이메일 : ds5cwu@naver.com
- 마곡 카페 : http://cafe.naver.com/moneyhelpers
- 마곡 밴드 : 네이버 밴드 '마곡 TOP SECRET' 운영 중

부동산, 마곡이 미래다!

발행일 2017년 3월 10일

지은이 최 영 식
펴낸이 손 형 국
펴낸곳 (주)북랩
편집인 선일영 편집 이종무, 권유선, 송재병, 최예은
디자인 이현수, 이정아, 김민하, 한수희 제작 박기성, 황동현, 구성우
마케팅 김회란, 박진관
출판등록 2004. 12. 1(제2012-000051호)
주소 서울시 금천구 가산디지털 1로 168, 우림라이온스밸리 B동 B113, 114호
홈페이지 www.book.co.kr
전화번호 (02)2026-5777 팩스 (02)2026-5747

ISBN 979-11-5987-468-0 03320 (종이책) 979-11-5987-469-7 05320 (전자책)

이 도서의 국립중앙도서관 출판예정도서목록(CIP)은 서지정보유통지원시스템 홈페이지(http://seoji.nl.go.kr)와 국가자료공동목록시스템(http://www.nl.go.kr/kolisnet)에서 이용하실 수 있습니다.
(CIP제어번호 : CIP2017005942)

초저금리 시대, 서울의 마지막 기회의 땅 마곡을 주목하라! 

부동산, 마곡이 미래다!

최영식 저

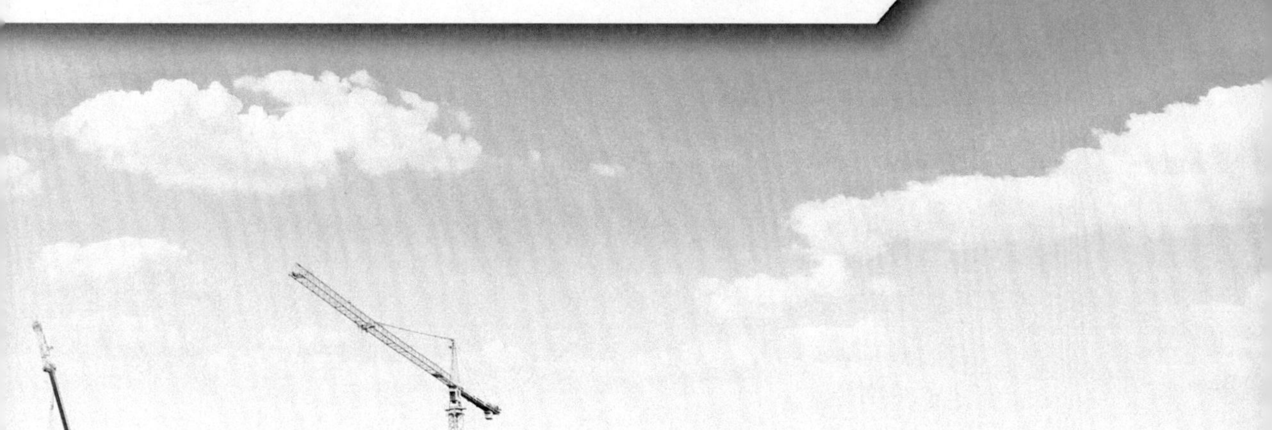

제2의 강남 마곡,
수익형 부동산 투자가 확실한 답이다

북랩 book Lab

CONTENTS

Prologue 대한민국의 미래 수익형 부동산 투자 1번지 마곡지구

1. 주거용 부동산에서 수익형 부동산 투자의 시대로 … 08
2. 수익형 부동산, 마곡지구를 주목하라! … 13

1장 서울의 국제무대 관문 산업도시, 마곡지구 개발계획

1. 마곡지구 개요 및 개발 배경 … 18
2. 마곡 산업단지 및 입주기업 현황 … 22
3. 마곡의 문화 중심 - 서울식물원 및 연결녹지 계획 … 30

2장 대한민국 상가 투자 1번지 마곡지구

1. 마곡지구 상가 투자에 관심을 가져야 하는 이유 … 36
2. 역세권별로 살펴보는 마곡지구 상가 … 50
3. 마곡지구 상가 옥석 가리기 … 107

3장 소액 투자 가능한 마곡지구 오피스텔과 오피스 투자법

1. 1억 미만 투자자들이 선택하는 대안 오피스텔 투자의 모든 것 … 130
2. 마곡 오피스텔에 투자해야 하는 이유 … 141
3. 마곡에서 대량으로 새롭게 시도되는 섹션 오피스 … 150

4장 마곡지구의 투자자들 : 투자 사례를 통한 마곡 투자의 답안 찾기

1. 20대, 골드미스 여성, 오피스텔 투자로 임대사업에 눈을 뜨다 … 159
2. 30대, 1자녀 대기업 맞벌이 부부, 주거와 투자의 분리를 통해 마곡에서 자리잡다 … 163
3. 40대, 아파트에서 상가로 투자의 변화를 주고, 자녀 교육비를 해결하다 … 168
4. 50대, 은퇴 후 마곡의 상가 투자를 통해 행복한 노후생활의 방향을 찾다 … 173
5. 60대, 마곡지구의 기업체 앞 역세권 1층 상가 투자를 통해 자녀의 사업 아이템을 찾다 … 178

프리미엄
풀퍼니시드

Dazzling future value

■ 부동산, 마곡이 미래다!

Prologue

대한민국의 미래 수익형 부동산 투자 1번지 마곡지구

1. 주거용 부동산에서 수익형 부동산 투자의 시대로
2. 수익형 부동산, 마곡지구를 주목하라!

01 주거용 부동산에서 수익형 부동산 투자의 시대로

향후 우리나라의 주택 시장에 대해 많은 금융권 전문가들은 베이비 붐 시대의 인구 감소와 주택 수요 감소로 인해 하락장이라고 말한다. 아래의 표처럼 베이비 붐 시대의 구매력 감소로 연결되어 주택 가격 지수가 하락할 것이라고 얘기한다.

우리나라의 경우, 베이비 붐 세대는 보통 1955~1974년생까지를 일컫는다. 그리고 그 이후에는 많은 사람들이 아는 바와 같이 출산율 저하로 인해 인구 감소는 필연적이라고 본다. 또한 이렇게 주택 구매가 가능한 인구가 줄어들 경우 가격의 대세 하락은 피할 수 없으며, 향후 대세 하락장이 올 수 밖에 없다고 많은 경제학자들은 예측한다.

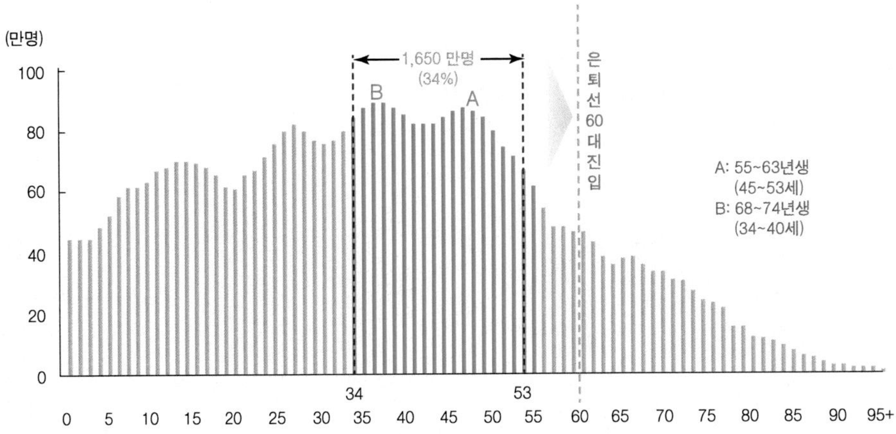

■ 대한민국 베이비 붐 세대 : 1955~1974년생

필자 역시 이 의견에 어느 정도는 동의한다. 그러나 반론적인 측면을 얘기하면 인구는 줄지만 세대 수는 증가하고 있다. 실제 이런 결과로 인한 세대 구성원의 변화를 주목해야 한다. 실제 2010년 인구 주택 총 조사 결과를 보면 주택과 관련해서 다음과 같은 통계를 볼 수 있다.

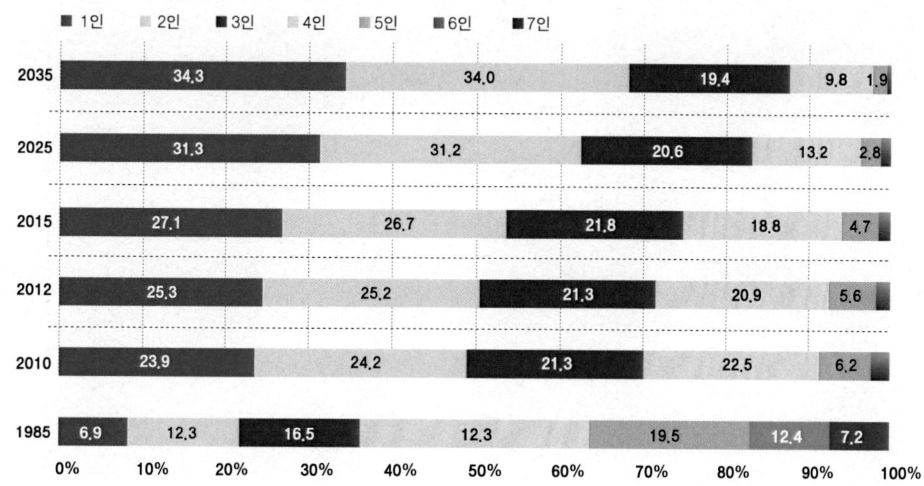

■ 참고 : 2010년 인구 주택 총 조사 결과 자료

주택 시장에 가장 영향을 미칠 통계자료는 필자가 보기에는 가구당 가구원수라고 생각한다. 이 내용을 보면 1985년의 인구 주택 총 조사 결과에서는 전체 가구 중 4인 이상 가구가 차지하는 비중이 70%였다.

그리고 정확하게 25년 후인 2010년 조사 결과를 보면 상기 표에서 보는 바와 같이 3인 이하 가구가 70%를 넘는 반대의 결과가 나왔다. 그리고 이 결과는 시간이 흐를수록 1~2인 가구가 증가하여, 2035년에는 90%가 넘을 거라는 예측이 나왔다. 이는 주택 시장에 직접적으로 영향을 미쳤다.

전국 주요 지역 코아피지수(매매) 추세

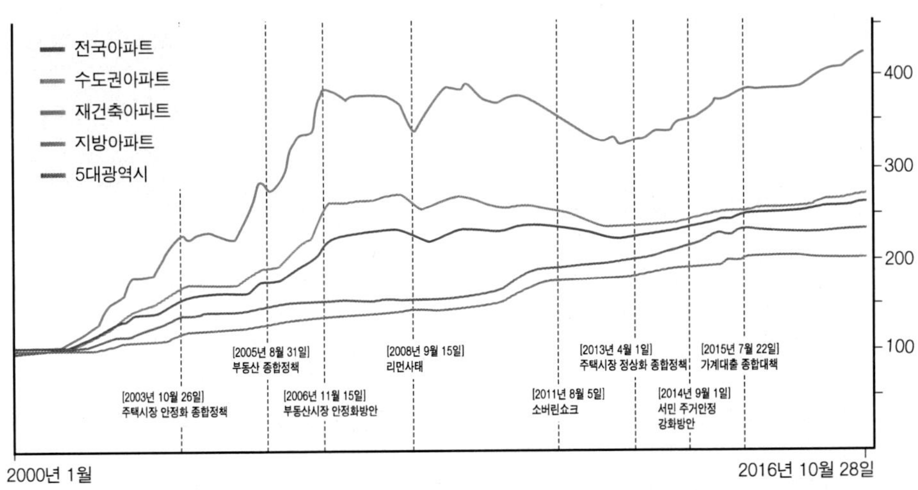

■ 종합아파트 가격지수(KOAPI, Korea Composite Apartment Index)는 부동산 114 시세를 기초로 전국 아파트 매매 가격을 종합주가지수 산출방식으로 산정한 지수를 말한다. '2000년 1월 초=100'이 기준점이다. 예를 들어 현재 지수가 130이라고 할 경우, 이것은 2000년 1월보다 30% 상승했다는 것을 의미한다

위의 KOAPI 지수에서 전국 아파트 가격이 전고점인 2007년과 2013년을 비교해보면 수도권 아파트 가격이 300 Point대에서 250 Point까지 전체적으로 약 17% 정도 하락했다. 그런데 아파트 단지들을 분석해보면 재미있는 결과를 얻을 수 있다.

한 단지를 예를 들어보자. 다음 페이지의 표에서 가격을 보이는 단지는 서울의 중심가이며 역세권 도보 3분 거리에 위치한 나름 지역의 랜드마크 아파트이

다. 이 아파트는 다른 지역은 가격이 다 떨어지고 조정을 보더라도 잘 떨어지지 않는 외부 변수 대비 가격 하방 경직성이 강하다. 그런데 면적대별로 따로 보면 전혀 다른 결과를 알 수 있다.

서대문 80㎡ 아파트

구분	매매변동		
	하한가	상한가	등락폭
2016. 12	40,000	48,700	↑ 2,600
2015. 12	40,000	43,500	↑ 2,750
2014. 12	38,000	40,000	↑ 500
2013. 12	38,000	39,000	↑ 1,000
2012. 12	36,000	39,000	↑ 500
2011. 12	34,000	40,000	0
2010. 12	34,000	40,000	↑ 750
2009. 12	34,000	38,500	0
2008. 12	34,000	38,500	↑ 4,250
2007. 12	30,000	34,000	↑ 6,500
2006. 12	24,000	27,000	0
2005. 12	24,000	27,000	↑ 500

서대문 140㎡ 아파트

구분	매매변동		
	하한가	상한가	등락폭
2016. 12	63,000	69,000	↑ 500
2015. 12	63,000	68,000	↑ 250
2014. 12	62,500	68,000	↑ 2,750
2013. 12	60,000	65,000	↓ 4,000
2012. 12	63,000	70,000	↓ 1,000
2011. 12	65,000	70,000	↓ 1,000
2010. 12	65,000	72,000	0
2009. 12	65,000	72,000	↑ 1,000
2008. 12	65,000	70,000	↓ 500
2007. 12	61,000	75,000	↑ 7,000
2006. 12	52,000	70,000	↑ 12,500
2005. 12	46,000	51,000	↑ 2,000

■ 자료 참고 : 부동산 뱅크 - 아파트 과거 시세

위의 표에서 보듯이 2007~2013년은 수도권뿐만 아니라 전국적으로 아파트 가격이 조정을 보던 시기였다. 그런데 실제 매매 사례들을 조사해 보면 앞에서 언급한바와 같이 면적에 따라 정확하게 주택 가격이 달리 움직였다. 수도권 20평대 아파트들의 경우에는 이 시기에 어떤 곳도 하락하지 않았다. 반면 중대형 아파트들의 경우에는 최근 부동산 상승기에 접어들어서도 쉽게 회복되지 못한 단지들도 많다.

실제 2007년 당시 고분양가 논란이 일었던 아파트들의 중대형은 아직도 미분양 상태가 많다. 또한, 대부분 중대형 아파트들의 보유자들인 경제적인 은퇴 준비가 안 된 베이비부머 세대의 은퇴와 함께 더욱 거래가 힘들어지는 현상을 보이고 있다. 경제가 어려워질수록 이런 중소형 주택 쏠림 현상은 더욱 지속할 것으로 본다. 그리고 베이비부머들의 은퇴와 함께 월 소득을 창출하는 수익형 부동산으로의 자금 쏠림은 더욱 가속화 할 것으로 생각된다.

02 수익형 부동산, 마곡지구를 주목하라!

필자는 단언하건대 마곡지구가 현재 전국의 부동산 중 수익형 부동산 투자하기에 가장 좋은 곳이라 자신 있게 말할 수 있다. 마곡지구의 특징들을 하나씩 살펴보자.

(1) 교통이 완비된 신도시

지금까지 신도시들을 보면 도시가 먼저 만들어진 이후에 지하철이 들어오고, 교통이 갖춰지곤 했다. 수익형 부동산에서 교통은 수익과 직결된다. 상가의 경우에는 유동인구를 대폭 확장 시켜주고, 오피스텔은 광역 수요가 발생할 수 있도록 만들어 준다. 그런데 마곡지구는 360만㎡ 내에 지하철 3개 노선(5호선, 9호선, 공항철도)과 5개의 역사(양천향교역, 마곡나루역, 신방화역, 마곡역, 발산역)를 이미 갖추고 있으며, 버스 노선도 확보되어 교통이 완비된 상태에서 만들어지는 유일한 신도시이다.

(2) 기업체 인구 16만이 확보된 기업 도시

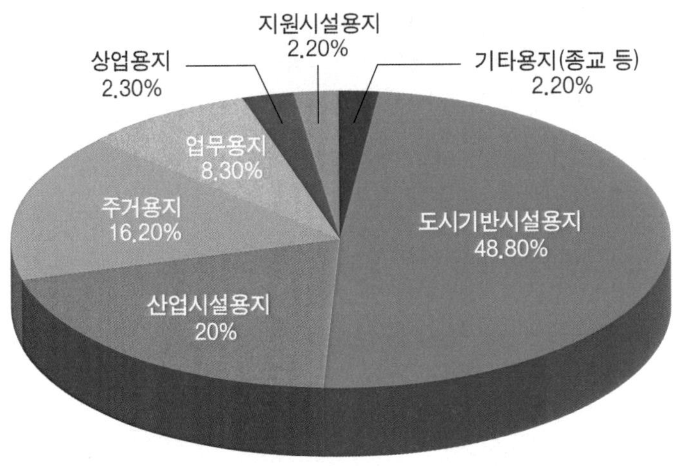

■도시기반시설용지 ■산업시설용지 ■주거용지 ■업무용지 ■상업용지 ■지원시설용지 ■기타용지(종교 등)

■ 마곡지구 용지비율 - SH공사 마곡지구 단위 계획 참고

마곡지구는 전체 용지 중 주거 용지가 16.2% 밖에 되지 않는다는 점에서 다른 신도시들과 다르다. 표에서 보는 바와 같이 전체 용지 중 20%의 산업용지와 8.3%의 업무용지 및 2.2%의 지원용지까지 감안하면 전체 용지의 30% 이상이 업무 시설이라고 볼 수 있다. 도로 및 공원 등 기반 시설용지를 제외하면 전체 용지의 60%가 업무시설이라 볼 수 있다.

업무 시설이 많을 경우, 배후 상가 및 오피스텔과 같은 수익형 부동산에는 큰 호재가 된다. 유동인구가 늘어나고, 업무 지역의 배후에는 상권이 형성된다. 그리고 젊은 직장인들이 늘어나면서 배후 주거의 수요가 늘어나게 된다.

(3) 공항 접근성이 좋은 글로벌 신도시

마곡지구의 또 하나 특징은 공항 접근성이다. 마곡지구는 김포공항에서 지하철 두 정거장, 인천공항에서 30분 이내에 위치한다. 그리고 글로벌 수출 기업들이 지구 내에 위치하여 많은 거래처들의 방문이 이뤄질 것으로 예상된다. 따라서 많은 호텔들이 입지해 있고, 서울의 랜드마크가 될 서울식물원도 있어서 많은 외국인들이 왕래할 것으로 예상된다.

이러한 마곡지구의 특징을 감안하여 필자도 자산관리를 하면서 많은 지역들을 연구한 결과 이만한 곳이 없다는 판단을 했다. 특히 은퇴자들의 수익형 부동산 최고의 투자처로써 마곡지구를 추천하고 하나씩 임차를 맞추고 만들어 가는 과정을 보게 되었다.
그리고 이렇게 만들어져 가는 마곡지구를 속속들이 살펴보고, 전국 최고의 수익형 부동산 투자처로써 본격적으로 독자 여러분에게 소개하고자 한다.

프리미엄
풀퍼니시드

Dazzling future value

■ 부동산, 마곡이 미래다!

제1장

서울의 국제무대 관문 산업도시, 마곡지구 개발계획

1. 마곡지구 개요 및 개발 배경
2. 마곡 산업단지 및 입주기업 현황
3. 마곡의 문화 중심 - 서울식물원 및 연결녹지 계획

01 마곡지구 개요 및 개발 배경

서울시에서는 서울의 경쟁력 회복과 세계도시로의 도약 및 R&D와 신기술 산업의 인큐베이터로써 차세대 성장동력 산업 육성에 목적을 두고 마곡지구 도시 개발계획을 수립했다. 이런 첨단 산업을 영위하기 위해 기업의 입장에서 가장 중요한 과제가 바로 뛰어난 인재 채용이다. 최근 경기 침체가 장기화되고, 취업난이 심해지고 있지만, 다른 한편에서는 우수 인력 확보를 위한 기업들의 경쟁이 치열하기도 하다. 지방에 비해 단위당 투자 금액이 치솟아도 기업이 서울로 몰려드는 이유이기도 하다.

그런데 서울에는 토지 자원이 고갈되어 이런 산업을 유치하는 것이 불가능하다. 이런 상황에서 서울시가 마지막 개발지로 선정한 곳이 바로 마곡지구이다. 그동안 논밭이었던 김포 공항 인근의 대규모 미개발지를 연구개발(R&D) 용도로 기업에 공급하는 것이다.

■ 도시 개발 전 논밭 지역이던 마곡지구의 모습 vs. 2016년 12월 현재의 모습

(1) 마곡지구의 입지 특징

마곡지구는 서울특별시 강서구 가양(행정동) 마곡(법정동) 일대에 있으며, 서울 도심과는 13㎞ 거리이고 서울 내 기타 산업 단지와 비교해 인천국제공항이나 김포국제공항과 인접해 이곳은 오래전부터 개발 필요성이 대두된 곳이다.

그리고, 지하철 5호선(마곡역, 발산역), 9호선(마곡나루역, 양천향교역, 신방화역), 공항철도(마곡역)의 3개 노선이 통과하고, 수도권 광역교통망(남부순환로, 올림픽대로 등)이 연결되어 교통 수단이 비교적 용이해 서울 서남부의 관문 역할을 할 수 있는 지역이다.

마곡지구는 총면적 약 3,665,000㎡로 이 중 주거용지와 상업용지 위주의 1지구 약 1,066,000㎡, 산업용지와 업무용지 및 지원용지의 2지구 약 1,902,000㎡, 공원 및 녹지지역 3지구 약 697,000㎡의 면적으로 계획된 신도시이다.

(2) 마곡지구 개발 연혁

서울특별시는 1995년 2월 마곡지구의 도시계획 결정을 고시하고, 2003년 9월 마곡지역 종합개발구상 및 전략수립 연구를 완료한 후 2005년 '2020 도시 기본계획'에서 마곡을 서남권의 전략적 중심지로 설정하며 사업이 시작되었다. 그 후 아래와 같은 단계로 사업이 진행됐다.

• 2005년 2월 - 마곡 R&D 시티 조성계획 발표

• 2007년 12월 - 마곡지구 구역 지정 및 개발계획 수립

• 2009년 9월 - 마곡 엠벨리 아파트 단지조성 착공(1공구)

• 2011년 9월 - 마곡 R&D 타워 건립 타당성 조사 및 기본계획 수립(서울특별시)

• 2011년 10월 - 선도기업 우선 분양 공고

• 2014년 5월 - 마곡 엠벨리 아파트 1차 단지 입주 시작(1, 2, 3, 4, 5, 6, 7, 14, 15 단지)

• 2014년 6월 - 마곡 도시개발 사업 실행전략 수립 연구 용역(SH공사)

• 2016년 9월 - 마곡 엠벨리 아파트 2차 단지 입주 시작(8, 10-1, 11, 12단지)

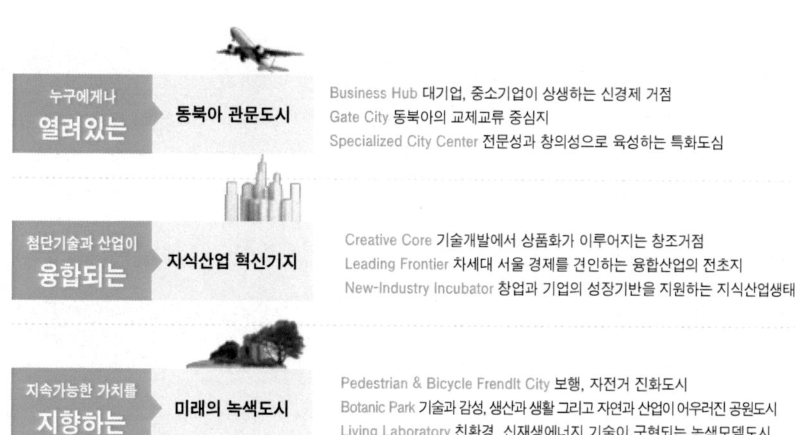

■ SH 공사 자료 - 마곡지구의 비전과 목표

02 마곡 산업단지 및 입주 기업현황

마곡 산업단지는 입지상 동북아의 국제 교류 중심지로서 대기업, 중소기업이 상생하는 신경제 거점으로 계획을 세운 도시이다. 연구개발 도시답게 차세대 서울 경제를 견인하는 융합산업의 전초지로 창업과 기업의 성장 기반을 지원하는 지식산업 생태계를 추구한다.

(1) 마곡 산업단지의 특징

마곡 산업단지는 사실 입주 기업들에게 큰 혜택이 있다. 우선 3.3㎡당 1,070만 원 정도의 조성원가로 공급한다. 사실 용적률 350%로 토지 활용도가 높으면서 서울시의 마지막 대규모 신도시라는 입지 특징을 갖는 마곡지구의 토지를 이 가격에 매입한다면 큰 혜택이라고 볼 수 있다. 실제 최근 연구 용지와 유사한 업무 용지들이 평균 3.3㎡당 4,000만 원대 이상에 낙찰되는 것만 봐도 알 수 있다.

또한, 입주 기업에 이루어지는 세제혜택 역시 빼놓을 수 없다. 일단 R&D 시설에 대한 대규모 투자가 이뤄지므로 소득세와 법인세 세액공제가 기본적으로 제공되며, 회사의 규모에 따라 대기업/중소기업/벤처기업으로 분류하여 다양한 세제혜택을 주고 있다.

■ 마곡산업단지 입주 기업을 위한 세제혜택

구 분		대기업	중소기업	벤처기업	근 거
소득세(법인세) 세액공제	신성장동력 ·원천기술 연구개발비	20%	30%	30%	조세제한특례법 제10조
	연구 및 인력개발 설비 투자비	대기업 3% | 중견기업 5% | 중소기업 10%			조세제한특례법 제11조
	기술취득금액	-	7%	7%	조세제한특례법 제12조
	안전설비투자액	대기업 3% | 중견기업 5% | 중소기업 7%			조세제한특례법 제25조
	공정개선 및 자동화 시설투자액	대기업 3% | 중견기업 5% | 중소기업 7%			조세제한특례법 제24조
	첨단기술 설비투자액	대기업 3% | 중견기업 5% | 중소기업 7%			조세제한특례법 제24조
소득세(법인세) 세액공제	창업시 소득세 (법인세) 4년간 감면	-	-	50%	조세제한특례법 제6조
	재산세 5년간 경감	35%	35%	35%	지방세제한특례법 제78조
	취득세 경감 (서울시 조례 의거 추가 감면)	50%	50%	50%	지방세제한특례법 제78조
		25%	25%	25%	서울특별시시세감면 조례 제14호

이와 같이 토지를 싸게 공급하고, 세금 혜택을 주는 만큼 기업들이 이곳의 연구 용지를 낙찰받기 위해서는 까다로운 낙찰자 선정 절차 및 토지 이용의 제한 사항이 있다.

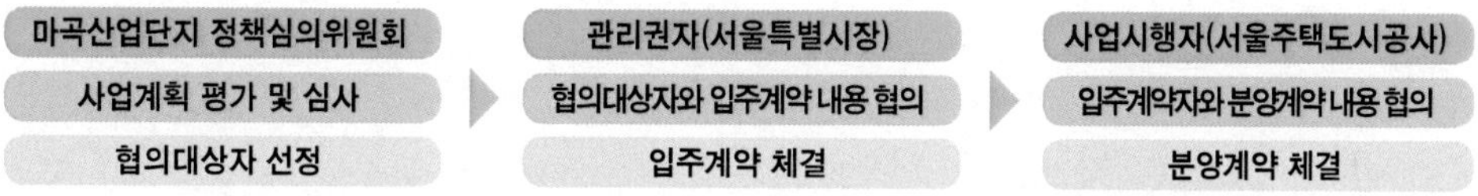

마곡산업단지 정책심의위원회
사업계획 평가 및 심사
협의대상자 선정

관리권자(서울특별시장)
협의대상자와 입주계약 내용 협의
입주계약 체결

사업시행자(서울주택도시공사)
입주계약자와 분양계약 내용 협의
분양계약 체결

■ 마곡산업단지 토지 분양을 위한 사전 심사 절차

상기 표에서 보는 바와 같이 토지 분양을 받기 위해서는 서울시의 사전 심사를 거쳐야 한다. 이때 필요 서류 18가지가 있다. 그중에서도 중요 내용을 보면 회사의 자본 상황 및 R&D 관련 계획, 특허 등록 보유현황, 토지 마련 및 건축을 위한 자본 확충 계획 등을 제출해야 하며, 이런 기본 자료를 토대로 사업 계획 심사를 통과해야 낙찰받을 수 있다.

실제로 현재까지 13차에 걸친 산업단지 분양 심사 결과 입주 신청 기업 중 1/3 정도는 자본이 확충되어 있고, 입주를 희망했으나 심사를 통과하지 못한 상황이다. 그리고 이제 총 66% 매각이 완료된 상황이며, 20% 정도는 미래 산업의 변화에 대처하기 위해 유보지로 남겨두었고, 10%는 시에서 수립한 중소기업 및 스타트업 기업을 위한 지식산업센터 개발계획이므로 남은 토지가 많지 않은 상황이다.

그리고 산업단지를 낙찰받은 기업들은 싸게 산 만큼 규제 사항도 많다. 대표적인 규제가 시설 사용 시 임대 및 매매가 제한된다는 점이다. 우선 공장설립 또는 사업 개시 신고 후 5년 내 임의 처분이 제한된다. 또한, 입주 계약 체결 후 서울시의 동의 없이 매매, 양도, 임대, 전대 행위 등을 할 수 없다. 즉 재산권 제한이라는 큰 단점이 있다.

(2) 마곡 산업단지 입주 기업 현황

마곡 산업단지의 조성 방향은 각 산업 영역별 그룹으로 나눠 클러스터(Core (대기업군), InT(정보/나노), BiT(바이오/정보), GeT(친환경/에너지), BmT(의료 서비스/의약)) 권역을 정하고, 그에 맞는 산업을 집적시킴으로써 R&D 단지의 특성을 강화하고자 하였다.

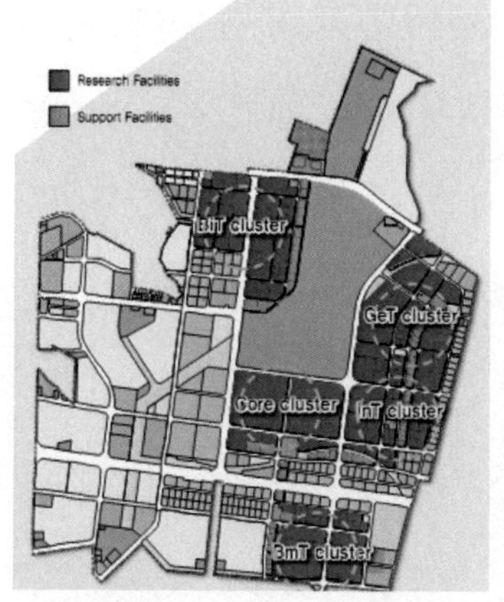

■ 각 권역별 지정도

■ Core Cluster 대표 기업 - LG사이언스파크

특히 초기 마곡 연구 용지 매각을 활성화하기 위해 Core Cluster로써 대기업 군을 먼저 유치하면서 LG, 코오롱, S-oil, 롯데, E-LAND 및 지금은 비록 회사 사정으로 인하여 다시 매각이 진행되고 있지만, 대우조선해양까지 초기에 산업단지의 윤곽을 어느 정도 정해 놓고 시작을 할 수 있었다. 그 후 13차에 걸쳐서 산업단지 매각이 이뤄졌고, 현재 총 산업단지의 연구 용지 중 66%가 매각 완료된 상태이다.

■ 현재까지 매입 완료 후 입주 예정 기업 현황
- Core Cluster 선도기업 대기업 군 (2017년 1월 현재까지 건축 설계 확정된 곳)

입주 예정 기업	대지면적(㎡)	매입 시기	비고
LG사이언스파크	179,707	2012.12.13	2017년(1차)~2020년(2차) 입주 예정
코오롱 미래기술원	18,502	2013.01.14	2017년 하반기 입주 예정
S-oil TS&D 센터	29,099	2014.02.13	2017년 상반기 입주 예정
롯데 글로벌 R&D/Creative 타운	15,638	2013.05.14	2017년 상반기 입주 예정
넥센 중앙연구소	17,105	2013.10.30	2019년 상반기 입주 예정
이랜드 연구개발 센터	32,099	2013.05.14	2019년 하반기 입주 예정

LG사이언스파크

이랜드 R&D 센터

코오롱 미래기술원

대기업군 회사들의 경우, 부지별로 계열사들의 연합 R&D 센터 형식으로 들어오는 경우가 대부분이다.

특히 LG사이언스파크의 경우에는 LG전자, LG디스플레이, LG CNS, LG 이노텍 등 11개 계열사가 20개 건물에 총 연면적 111만㎡로 다 완성될 경우, 직장인 3만 명이 운집하는 국내 최대 R&D 단지로 형성된다. 일부 계열사들의 경우에는 본사 이전도 계획 중이다.

기타 중소기업 및 확정 기업들 현황

■ 마곡지구 내 입주 중인 중소기업의 현재 모습

현재 선도기업인 Core Cluster 해당 기업 이외에도 희성 전자 컨소시엄, 귀뚜라미 컨소시엄, FITI 시험연구원, 티케이 케미컬, 삼진제약 등의 대기업들과 도레이 케미컬(일본), 엑서스 바이오(미국)와 같은 외국계 회사 및 메이비원, KTNF 등의 중소 기업군까지 해서 현재까지 104개 회사에서 입주 계약이 완료된 상태이다.

전체 입주 기업 중 2017년까지 입주 예정 기업이 50%에 해당한다. 특히 LG사이언스파크의 경우에는 계열사별로 입주 시기가 조금씩 다르지만 2017년에 70% 정도가 입주 예정이며, 롯데 및 코오롱, S-oil 등의 기업들이 입주하면서 2017년 마곡지구는 크게 달라질 전망이다.

마곡 지구 내 공공형 지식산업센터 및 도전숙 입주 계획

마곡지구의 또 하나의 업무 시설이 하나 있다. 전체 산업단지의 10% 정도는 서울시에서 공공 임대형 리츠 사업으로 진행된다. 그중 시작으로 9호선 양천향교역 일대 D15 블럭 대지면적 9,317㎡의 부지에 첫 서울시의 자체 시행으로 진행되게 된다. 또한, 이곳에는 공공 임대형으로 청년기업가들이 시너지 효과를 내기 위해 임대 주택인 '도전숙'이 바로 옆 지원시설용지 DS13 블록 총 대지면적 3,632㎡에 들어서게 된다.

특히 이 중 도전숙의 경우에는 직장·주거 근접이 100% 가능하며, 저층부에는 혁신을 유발할 수 있는 교류공간을 만들고, 상층부에는 주거공간을 만드는 기존의 매입형이 아닌 건설형 도전숙으로 개발되게 된다. 여태껏 볼 수 없는 청년 창업시설이 마곡에 처음으로 들어온다는 것도 큰 의미가 있다.

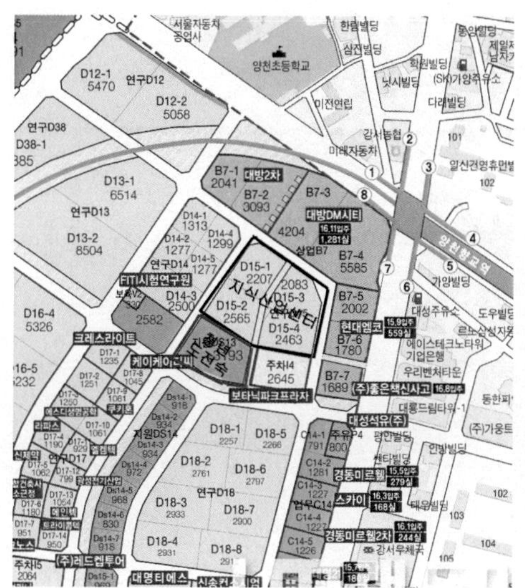

■ 양천향교역 첫 번째 시행 예정인 지식산업센터 부지 2016년 12월의 모습

03 마곡의 문화 중심 - 서울식물원 및 연결녹지 계획

'식물, 문화가 되다.' 마곡의 대표 자랑거리가 될 서울식물원의 캐치프레이즈로 지역의 랜드마크 공원으로 개발된다. 마곡지구의 중심에 들어서는 서울식물원은 마곡중앙공원의 정식 명칭으로 영문명으로는 'Seoul Botanic Park'이다.

마곡지구 공원은 처음 계획에서 많은 변화를 겪고 지금의 공원개발 계획으로 자리 잡게 되었다. 2007년 서울시에서는 마곡 중앙공원을 한강르네상스 개발 계획과 함께 한강과 연결된 워터프론트로 개발하고자 국제현상공모를 통해 당선작을 선정하였다. 그러나 워터프론트 구상에 대한 경제적 타당성과 재해 위험성 등의 문제가 제기되면서 2011년 호수 중심 수변 공원으로 계획을 바꾸었다.

그리고 2012년에는 미래형 산업단지에 어울리는 바이오 보타닉 파크(Bio Botanic Park)로 검토되었으며, 2013년부터 식물원과 공원을 결합한 보타닉 파크로 성격을 정했다. 많은 세계 도시들에는 지역을 대표하는 식물원이 있지만, 서울에는 남산식물원의 철거 이후 제대로 된 식물원이 없었다. 이를 대체하고 서울을 대표하는 국제적인 식물원으로 개발계획을 정하게 되었다. 그리고 그 식물원이 바로 마곡에 들어오게 된다.

■ 공원 조감도와 2016년 12월의 온실 문화센터와 공원 공사현장 모습

마곡의 서울식물원의 필자가 주목하는 가장 큰 특징은 바로 공사비이다. 공사비 총액이 아래 표에서 보는 바와 같이 기반시설 사업비를 제외하고 총 2,156억 원이 들어간다. 기존 서울시의 다른 공원들의 공사비와 비교해 봐도 현격히 차이가 남을 알 수 있다.

주요공원(개원 시기)	총면적	공사비(원)	㎡당 공사비(원)
서울숲 (2005. 6.)	1,156,496㎡	63,657,000,000	55,043
북서울 꿈의 숲(2009. 10.)	662,543㎡	93,785,000,000	141,553
중랑 캠핑 숲(2010. 11.)	147,666㎡	16,970,000,000	114,922
푸른 수목원(2013. 6.)	103,354㎡	12,608,000,000	121,989
서울 식물원(2018. 상반기)	657,223㎡	215,600,000,000	328,047

(1) 서울식물원 주요 내용

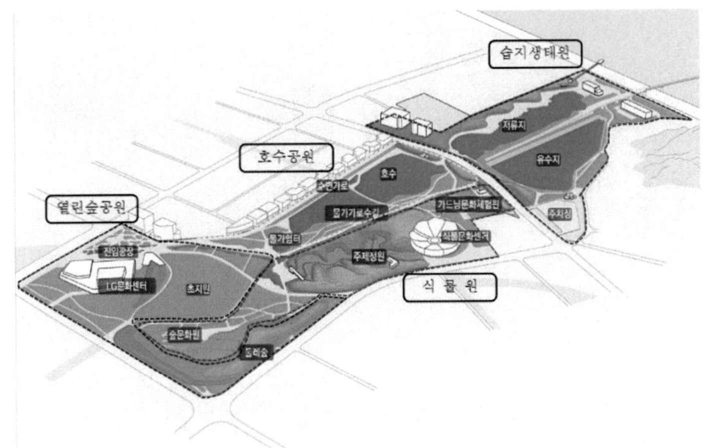

① **열린 숲 공원**(147,400㎡) : 식물원 진입 공간 및 여가/휴식의 열린 공간으로 조성되며, 진입광장(인포센터)과 초지원(잔디마당), 둘레 숲으로 조성된다.

② **호수공원**(106,000㎡) : 호수공원은 청정호수로 휴식, 조망, 수생식물의 전시공간으로 조성된다. 호수공원에는 호수횡단 보행교와 양천길 하부 보행통로가 연결되어 생태공원으로 자연스럽게 이어지고, 물가 가로수 길을 설치하여 쾌적한 보행환경을 조성한다.

③ **습지 생태원**(229,413㎡) : 기존의 치수(治水) 공간인 저류지와 유수지의 위치를 본연의 기능은 유지하면서 자연이 스스로 디자인하는 양생 동식물이 서식하는 생태적 공간으로 조성된다. 특히 유수지 상부는 40% 정도 복개하여 산책로가 형성되며, 저류지에는 한강 연결 보행교, 전망대, 나들목, 야외주차장, 테니스장, 산책로 등이 조성된다.

④ **식물원**(128,000㎡) : 마곡 서울식물원의 핵심 시설로 가드닝 문화의 허브, 녹색 도시의 미래, 도심 속의 녹색 명소를 목표로 조성된다. 그중 식물 문화센터의 경우에는 온실과 다양한 전시/행사가 가능한 다기능 복합 문화공간으로 조성되며, 세계 12개 도시의 자연과 식물 문화를 전시 교육하는 공간으로 조성된다. 특히 식물원 내에는 체험 공간이 강화되고, 약 10,000여 종의 식물을 단계적으로 확보하여 세계적인 식물원으로 만들어가는 것을 목표로 한다.

그리고 마곡 서울식물원에는 세계적 공연 시설도 함께 위치하게 된다. 현재 역삼동에 있는 LG 아트센터가 LG 아트센터/사이언스홀로 개발되면서 마곡으로 이전해 오는 데, 약 1,300석 규모의 공연 시설이 자리 잡게 된다. LG 아트센터/사이언스홀은 총 연면적 33,000㎡ 규모로 2020년 3분기 입주 예정이다.

현재 건축물 설계는 세계적인 건축가인 안도 다다오가 맡았다. 공연 시설이 같이 위치하는 마곡의 식물원 역시 마곡지구의 부동산 가치를 크게 높여줄 것이다.

프리미엄 풀퍼니시드

Dazzling future value

■ 부동산, 마곡이 미래다!

제2장

대한민국 상가 투자 1번지 마곡지구

1. 마곡지구 상가 투자에 관심을 가져야 하는 이유
2. 마곡지구, 역세권 별로 살펴보는 마곡지구 상가
3. 마곡지구 상가 옥석 가리기

01 마곡지구 상가 투자에 관심을 가져야 하는 이유

마곡지구에는 다른 어떤 부동산 유형보다 2017년 지금 상가 투자에 관심을 가져야 하는 이유들이 있다. 물론, 상가는 아파트와 달리 개별성이 강하기 때문에 그 안에서도 옥석을 가려야 하지만, 전반적으로 다른 지역들에 비해서 상가가 장점이 많다. 그 이유를 하나씩 살펴보자.

(1) 기업도시 마곡지구

상가 투자에서 필자가 가장 먼저 손꼽는 것은 바로 업무 지역 쪽의 상가를 보라는 것이다. 상가에는 아파트 단지 내 상가, 역세권 주거 지역의 근린상가, 업무 지역의 근린상가로 나눠 볼 수 있다. 이 중 업무 지역 상가들은 주거 지역 대비 임대료가 높게 형성되는 경향이 있다.

상가는 아무래도 주변의 구매력과 점포의 매출이 직결된다. 따라서 주변에 소매력을 갖춘 소비자들의 구성이 중요하다. 그리고 일반적으로 업무 지역의 경우에는 주5일 상권이 발달하는 경향이 있지만, 안정적인 배후 수요로 인하여 매출이 안정적인 특징을 가진다.

■ 업무 지역 위주 상권 - 상암동 DMC 상권, 시청역 상권

이런 업무 지역 상권에 투자할 때 가장 중요한 것이 바로 배후 직장인 수 예측이다. 마곡에는 총 5개의 역 중 9호선(양천향교역, 마곡나루역), 5호선(마곡역, 발산역)의 4개의 역의 배후에 산업단지들이 배치되어 있다. 역별로 기업들이 골고루 분포해 있는데 역별로 배후 산업단지의 직장인 수를 예측할 수 있는 정보를 하나씩 살펴보자.

우선 통계자료를 하나씩 보면 마곡 산업단지 연구용지들의 경우, 용적률을 350% 이내로 제한한다. 따라서 이를 기초로 건물의 연면적을 산정하고, 이 연면적을 기준으로 직장인 통계를 내보았다. 그리고 연면적을 기준으로 33㎡당 1명으로 직장인을 가상하여 수를 산정하였다.

물론, 이 수치가 정확하지는 않지만, 서울시나 기타 산업단지 협회 등이 직장인을 산출할 때 작성하는 통계로 어느 정도는 맞아떨어진다. 이렇게 산정해 보면 마곡지구의 지하철역별로 배후 직장인 수요를 가늠해 볼 수 있다. 마곡지구는 역 권역별로 다른 한 도시 정도의 직장인 수가 있을 정도로 인구밀집도가 높다. 예를 들어, 일산 신도시의 경우, 법조 단지 및 MBC 등의 장항동 직장인을 포함하여 전체의 직장인 수가 약 25,000명 정도 분포되어 있다. 그런데 마곡지구의 경우에는 한 역 블록마다 30,000명 정도의 배후 직장인이 존재한다. 그 사례를 구역별로 살펴보자.

① 양천향교역 입주 기업

■ 양천향교역 입주 예정 기업 중 2017년 50% 입주 예정

연번	기업명	위치	면적(㎡)	대지 면적(평)	추정 연면적(평)	추정 직장인	입주계약	착공 / 준공 계획(연도)	전철역
1	코오롱컨소시엄	DP 1, D19-1	18,502	5,597	33,581	3,358	2013-01-14	2015 / 2017	양천향교역
2	이랜드컨소시엄	D16-1,2,4,5,6	32,099	9,710	58,259	5,826	2013-05-14	2015 / 2019	양천향교역
3	크레스라이트	D17-1	1,235	374	2,242	224	2013-07-08	2015 / 2016	양천향교역
4	케이케이디씨	D17-8	1,045	316	1,897	190	2013-07-08	2015 / 2016	양천향교역
5	광성전기산업	D17-12	799	242	1,450	145	2013-07-08	2016 / 2017	양천향교역
6	한보이앤씨	D20-4	1,225	371	2,223	222	2013-07-08	2017 / 2019	양천향교역
7	아워홈	D21-4	2,967	898	5,385	539	2013-07-08	2017 / 2019	양천향교역
8	쿠키혼	D17-9	1,061	321	1,926	193	2013-10-30	2017 / 2017	양천향교역
9	엘켐텍	D17-11	929	281	1,686	169	2013-10-30	2016 / 2017	양천향교역
10	트라이콤텍	D17-14	950	287	1,724	172	2013-10-30	2016 / 2017	양천향교역
11	세일정기	D21-8	2,202	666	3,997	400	2013-10-30	2016 / 2017	양천향교역
12	S-OIL	D16,19	29,099	8,802	52,814	1,200	2014-02-13	2016 / 2016	양천향교역
13	유한테크노스	D17-7	951	288	1,726	173	2014-02-13	2016 / 2017	양천향교역
14	신송컨소시엄	D21-5	2,979	901	5,407	541	2014-08-05	매각예정	양천향교역
15	FITI 시험연구원	D14	7,665	2,319	13,912	1,391	2014-11-19	2016 / 2018	양천향교역
16	메인텍	D17-13	1,054	319	1,913	191	2014-12-17	2017 / 2018	양천향교역
17	엔터미디어	D20-8	1,225	371	2,223	222	2015-07-10	2016 / 2017	양천향교역
18	라파스	D17-4	1,196	362	2,171	217	2015-07-10	2016 / 2017	양천향교역
19	에스디생명공학	D17-3,10	2,311	699	4,194	419	2015-07-10	2016 / 2018	양천향교역
20	서전기전	D20-7	1,046	316	1,898	190	2015-09-30	2016 / 2017	양천향교역
21	월드튜브	D20-3	1,046	316	1,898	190	2015-09-30	2016 / 2017	양천향교역
22	신신제약	D17-5	1,070	324	1,942	194	2015-09-30	2017 / 2018	양천향교역
23	한국건설산업품질연구원	D20-5	1,045	316	1,897	190	2015-09-30	2017 / 2018	양천향교역
24	에코앤컴퍼니	D20-1	1,045	316	1,897	190	2016-06-10	2018 / 2018	양천향교역
25	씨애치씨랩	D20-2	1,045	316	1,897	190	2016-09-30	2017 / 2018	양천향교역
26	도레이케미컬	D12-1,2	10,528	3,185	19,108	1,911	2016-10-31	2018 / 2019	양천향교역
합계			126,319	38,211	229,268	18,845			

양천향교역에는 E-LAND, S-oil, 코오롱 및 삼진제약 등의 대기업과 도레이 케미컬 등 외국계 기업 및 20여 곳 이상의 중소기업이 입주 예정이며, 현재까지 26개 기업이 토지 매입 완료 후 입주 시기를 조정 중이다. 다만, 현재까지 매

각 완료한 부분이 약 60% 정도로 미매각 부지가 40% 정도 남아있다. 또한, 공공형으로 진행되는 지식산업센터까지 포함하면 배후에 양천향교역 일대만으로도 약 30,000명에 이르는 직장인 수요가 발생하게 된다. 이 정도의 직장인 배후라면 양천향교역 일대 직장인 수요는 적지 않다.

② 마곡역 입주 기업

■ 마곡역 입주 예정기업 - 2017년 전체 70% 입주 예정

연번	기업명	위치	면적(㎡)	대지면적(평)	추정 연면적(평)	추정 직장인	입주계약	착공 / 준공 계획(연도)	전철역
1	LG컨소시엄 1차	DP 2,3	134,181	40,590	243,537	24,354	2012-12-13	2014 / 2017(1차) 2020(2차)	마곡역
2	희성전자컨소시엄	D28-3	3,583	1,084	6,503	650	2013-07-08	2015 / 2017	마곡역
3	태하메카트로닉스	D29-1	3,025	915	5,490	549	2013-10-30	2016 / 2017	마곡역
4	귀뚜라미컨소시엄	D28-1	9,900	2,995	17,968	1,797	2014-12-17	2017 / 2019	마곡역
합계			150,689	45,583	273,499	27,350			

필자가 마곡지구의 상권 중 가장 처음으로 안정될 곳으로 예측하는 지역이 바로 마곡역 상권이다. 그 이유는 마곡역은 배후 기업의 입주가 가장 빠르게 이뤄지고, 소비력이 큰 대기업 위주로 입주기업이 형성되어 있다. 마곡역은 LG 사이언스파크의 중심에 있다.

우선 배후 기업의 수는 적지만, LG 컨소시엄의 LG사이언스파크, 희성 전자, 귀뚜라미 등 주로 대기업으로 형성되어 있다. 또한, 입주 시기 역시 상당히 빠른 것이 장점이다. 총 배후 직장인이 27,000명 정도에 이를 정도로 배후 기업 단지가 크게 형성될 것이다.

③ 발산역 입주기업

연번	기업명	위치	면적(㎡)	대지면적(평)	추정연면적(평)	추정 직장인	입주계약	착공 / 준공 계획(연도)	전철역
1	제닉	D34-3	3,510	1,062	6,371	637	2013-03-25	매각예정	발산역
2	**고려에스엠티**	**D23-6**	**1,269**	**384**	**2,303**	**230**	**2015-03-27**	**2016 / 2017**	**발산역**
3	메이비원	D26-1	1,146	347	2,080	208	2013-07-08	2015 / 2016	발산역
4	원봉	D26-2	1,132	342	2,055	205	2014-07-08	2017 / 2018	발산역
5	**LG컨소시엄 2차**	**D22,25**	**45,526**	**13,772**	**82,629**	**8,263**	**2013-10-30**	**2015 / 2017**	**발산역**
6	**웰스바이오**	**D23-3**	**1,269**	**384**	**2,303**	**230**	**2013-10-30**	**2015 / 2016**	**발산역**
7	**센서텍**	**D23-4**	**1,387**	**420**	**2,517**	**252**	**2013-10-30**	**2016 / 2017**	**발산역**
8	소룩스	D26-3	1,145	346	2,078	208	2013-10-30	2017 / 2018	발산역
9	**원우이엔지**	**D31-2**	**2,600**	**786**	**4,719**	**472**	**2013-10-30**	**2015 / 2016**	**발산역**
10	**티케이케미컬**	**D31-1**	**3,000**	**907**	**5,445**	**544**	**2013-10-30**	**2014 / 2016**	**발산역**
11	**캐스트윈**	**D23-1**	**1,387**	**420**	**2,517**	**252**	**2014-02-13**	**2016 / 2017**	**발산역**
12	**케이티앤에프**	**D23-5**	**1,268**	**384**	**2,301**	**230**	**2014-02-13**	**2015 / 2016**	**발산역**
13	**이사케이**	**D26-4**	**1,129**	**342**	**2,049**	**205**	**2014-08-05**	**2016 / 2017**	**발산역**
14	테고사이언스	D27-6	1,526	462	2,770	277	2014-10-31	2016 / 2018	발산역
15	**화천기공**	**D27-3**	**1,720**	**520**	**3,122**	**312**	**2014-11-19**	**2016 / 2016**	**발산역**
16	**평안**	**D32-7**	**1,479**	**447**	**2,684**	**268**	**2014-11-19**	**2016 / 2016**	**발산역**
17	**한국의약품수출**	**D32-6**	**1,453**	**440**	**2,637**	**264**	**2015-09-30**	**2016 / 2017**	**발산역**
18	범한산업	D30-1,2	4,906	1,484	8,904	890	2015-09-30	2017 / 2019	발산역
19	**디지캡컨소시엄**	**D27-4**	**1,937**	**586**	**3,516**	**352**	**2015-12-23**	**2016 / 2017**	**발산역**
20	팜스빌	D20-6	1,045	316	1,897	190	2015-12-23	2017 / 2018	발산역
21	KH에너지	D33-5	1,397	423	2,536	254	2015-12-23	2017 / 2019	발산역
22	**프리즘**	**D23-2**	**1,268**	**384**	**2,301**	**230**	**2015-12-23**	**2016 / 2017**	**발산역**
23	파이언넷	D33-1	1,335	404	2,423	242	2015-12-23	2017 / 2019	발산역
24	**두올**	**D33-9**	**1,376**	**416**	**2,497**	**250**	**2015-12-23**	**2016 / 2017**	**발산역**
25	상원이앤씨	D24-6	2,170	656	3,939	394	2016-06-10	2018 / 2020	발산역
26	안트로젠	D33-7	1,422	430	2,581	258	2016-06-10	2017 / 2018	발산역
27	**피플앤코**	**D33-4**	**1,361**	**412**	**2,470**	**247**	**2016-09-30**	**2017 / 2017**	**발산역**
28	바이로메드	D24-2,5	4,430	1,340	8,040	804	2016-09-30	2017 / 2018	발산역
29	코롬컨소시엄	D24-3	2,065	625	3,748	375	2016-06-10	2017 / 2018	발산역
30	삼진제약	D24-1	2,028	613	3,681	368	2016-09-30	2017 / 2019	발산역
31	뉴파워플라스마	D24-4	2,597	786	4,714	471	2016-09-30	2017 / 2019	발산역
32	지텔레비젼	D33-6	1,422	430	2,581	258	2016-09-30	2017 / 2018	발산역
합계			102,705	31,068	186,409	18,641			

발산역은 중소기업들의 입주가 빠를 것으로 예상하는 곳이다. 일단 현재도 이미 상권이 형성되었고 LG의 2지구와 다수의 중소기업들이 2017년까지 입주 예정이다. 현재까지 전체 산업용지의 50% 정도 매각이 완료되었다. 공항대로 남쪽을 제외하고도 약 20,000명 정도의 직장인 상주인구가 존재한다.

다만, 공항대로 남쪽의 연구 용지들의 매각이 좀 늦어진다. 서울시에서 유보지역으로 남겨둔 곳들이 많다. 그러나 2019년 입주 예정인 이화의료원이 큰 변수가 될 것으로 본다. 이화의료원은 마곡지구에 약 1,200 병상 규모로 지어지는데, 상권에 큰 변수가 될 전망이다. 향후 유보지역으로 남겨둔 곳들을 제외하고, 2017년부터 입주하게 될 업무 지역의 오피스 블록까지 합할 경우, 발산역에는 30,000명 이상의 직장인 상주인구가 있을 것으로 보인다.

④ 마곡나루역 입주 기업

연번	기업명	위치	면적(㎡)	대지면적(평)	추정 연면적(평)	추정 직장인	입주계약	착공 / 준공 계획(연도)	전철역
1	롯데컨소시엄	D3-1,2,3	15,638	4,730	28,383	2,838	2013-05-14	2015 / 2017	마곡나루역
2	대우조선해양	D7-1,2,3 등	61,232	18,523	111,136	11,114	매각예정		마곡나루역
3	넥센컨소시엄	D5-1,2,3,4	17,105	5,174	31,045	3,105	2013-10-30	2016 / 2019	마곡나루역
4	싸이버로지텍	D4-2,3	4,389	1,328	7,966	797	2015-09-30	2017 / 2019	마곡나루역
5	에스에스뉴테크	D4-6	2,226	673	4,040	404	2015-12-23	2016 / 2016	마곡나루역
6	오토닉스	D4-1,4	4,300	1,301	7,804	780	2015-12-23	2016 / 2017	마곡나루역
7	로보티즈	D4-5	2,163	654	3,926	393	2016-06-10	2017 / 2018	마곡나루역
합계			107,053	32,383	194,300	19,430			

마곡나루역은 마곡지구에서 교통환경이 가장 우수한 곳이다. 특히 9호선과 공항철도가 환승하는 역이면서, 향후 급행열차가 정차하는 역이 된다. 바로 이런 점에서 많은 투자자들의 관심을 받고 있다. 특히 서울식물원이 완공될 경우, 마곡 진입광장으로 이어지는 곳이다.

그리고 기업체 역시 대기업과 중소기업이 어우러지며 많은 인원들이 들어서게 된다. 현재까지 롯데와 넥센타이어 같은 대기업과 에스에스뉴테크 등 중소기업들이 확정되어 있다. 또한, 마곡나루역을 중심으로 섹션 오피스 블록이 위치하여 약 20,000명 이상의 직장인이 모일 곳이다.

다만, 2016년 마곡나루역의 입주 기업 중 가장 큰 면적을 차지하는 대우조선해양이 기업의 사정상 입주가 불가능하게 된 점은 악재다. 그리고 현재 그 부지의 매각이 진행 중이며, 일부 부지의 매각이 확정되기도 하였다. 향후 서울식물원과 기업의 입주가 함께 어우러지며 확장될 곳이다.

(2) 국제공항 접근성이 좋은 국제도시 마곡지구

마곡지구에는 앞에서 본 것처럼 많은 기업들이 순차적으로 단기간에 입주한다. 그리고 산업단지에는 R&D 면적 비율을 50% 이상 확보해야 한다는 단서 조항까지 붙는다. 그런데도 왜 그렇게 많은 대기업과 중소기업들이 앞다퉈 입주하려 하는 것인지는 아주 단순한 이유다. 바로 공항 접근성이 좋다는 것이다.

R&D 단지는 수출 기업들에게는 일종의 Show Case 같은 곳이다. 즉, 외국의 바이어들이 가장 먼저 방문하여 샘플을 확인하고 개발 과정을 볼 수 있는 곳이다. LG사이언스파크를 예로 들어보면, 휴대폰을 구매하기 위한 바이어가 최신의 샘플을 보기 위해 공항에 내려 30분 이내에 현장에 도착해 확인할 수 있다.

그리고 휴대폰 하나만 하더라도 화면 패널은 LG디스플레이에서, 카메라 모듈은 LG이노텍에서 만들듯이 각 부품의 회사들이 한곳에 모여 있어 바이어 입장에서는 원스톱으로 단시간에 모든 것이 확인 가능하다. 마곡은 이런 퓨전이 가능하도록 시설들을 만들고, 입지적으로 국제도시가 가능한 곳이므로 기업들이 서로 입주하려 한다.

그리고 최근 서울의 뜨는 유명 상권의 공통점은 중국인을 포함한 외국인 상권이다. 현재는 명동이나 광화문, 인사동, 동대문 등의 외국인 상권이 유명하지만, 사실 지리적으로 상권의 소프트웨어가 갖춰지면 외국인 유치에 가장 좋은 곳이 마곡지구라 생각한다. 일단, 인천국제공항에서 공항철도를 활용할 경우 30분, 김포공항에서는 5분 이내에 마곡지구의 공항철도 마곡역 및 5호선과 9호선 마곡역과 마곡나루역에 도착한다. 그리고 마곡지구에는 외국인이 머무를 수 있는 호텔 시설들이 충분히 공급된다.

■ 발산역 호텔 블록(엠펠리체 호텔, 인터시티365, 루체브릿지 호텔/마곡나루역 LG 호텔)

상업지역인 발산역에 현재까지는 레지던스 호텔 3동이 들어서고, 마곡나루역에는 서울식물원 앞, 공항철도역 출구와 연계된 LG 호텔 및 라마다 호텔이 들어선다. 또한, 현재 토지 매각이 진행 중인 마곡나루역의 특별계획구역에도 5성급 호텔 계획이 정해져 있다.

이런 외국인 숙박 시설과 함께 마곡지구 주변으로 외국인을 유치하기 위한 시설들이 많다. 예를 들면, 특별계획구역의 면세점 구역과 스타필드와 같은 쇼핑몰 역시 외국인의 집객을 위한 시설들이다.

그리고 앞에서 언급했던 LG아트센터를 포함한 서울식물원의 경우에는 대한민국을 대표하는 식물원으로 경쟁력을 가질 것이다. 이렇게 외국인들이 많이 방문하는 곳에 있는 상권은 A급 상권으로 발전하는 것이 요즘의 추세다. 마곡은 이런 외국인 유치에 천혜의 조건을 갖춘 곳이라 생각한다.

(3) 낮은 상업용지 비율 및 보행자 전용 연결녹지

① 마곡지구의 낮은 상업용지 비율

상가투자를 결정하면서 절대적으로 이런 상가는 좋다고 하나의 요소만으로 판단할 수는 없다. 입지, 건물 내 동선과 같은 미시적인 요소도 중요하지만, 지역 전체적인 용지의 비율도 판단 요소가 될 수 있다.

거시적인 비율 중 상가에 영향을 미치는 요소 중 하나가 전체용지 중 상업용지의 비율이라 할 수 있다. 바로 마곡지구는 기존 신도시 대비 상업용지의 비율이 낮은 편이다. 물론 상업용지의 비율이 낮다고 해서 상가 공급이 절대적으로 낮다고는 볼 수 없다.

하지만 현재 신도시들의 상업용지 비율을 대비해 보면 상대적으로 상업용지 비율이 높은 곳들이 상가의 공급 과잉으로 상가 투자에 어려움을 겪는 것으로 볼 때 참고해야 한다. 이런 점에서 투자 결정 시 참고자료로 살펴볼 수 있다.

■ 각 도시별 지구단위 계획상 상업용지 비율

사업지구	면적(평)	상업용지(평)	비율(%)
성남 판교신도시	2,815,412	75,885	2.67%
고양 일산신도시	4,760,052	394,293	8.28%
안양 평촌신도시	1,544,536	57,056	3.7%
화성 동탄신도시	2,733,000	120,736	4.42%
부천 중동신도시	1,310,000	88,450	6.75%
인천 삼산지구	363,678	16,061	4.42%
남양주 호평지구	333,897	21,801	6.53%
용인 죽전지구	1,083,910	73,712	6.8%
위례 신도시	2,056,395	46,136	2.24%
마곡지구	1,108,657	25,051	2.26%

신도시에서 상업용지 비율이 낮다는 것은 상대적으로 상가 공급이 낮게 진행되었다고 판단할 수 있다. 물론 각 도시의 상업용지에만 상가가 들어가는 것은 아니다. 예를 들어, 위례신도시의 경우, 상기 표에서 보면 상업용지 비율은 낮지만, 위례신도시 내 주거용지인 트램라인에도 많은 상가들이 들어간다. 또한, 신도시별로 주거용지인 단독주택용지에도 많은 상가 주택들이 공급되기도 한다.

이렇게 보면 상업용지 비율이 의미 없다고 볼 수도 있다. 하지만 신기하게도 상업용지비율이 높았던 신도시 상가들이 고전을 면치 못하는 것도 사실이다. 일산신도시와 중동신도시가 대표적이라 볼 수 있다.

물론, 일산신도시와 중동신도시에도 좋은 위치에 자리 잡은 상가들은 높은 월세가 발생하지만 다른 지역에 비교하여 유난히 상가 공실률이 높고, 임대료가 높게 형성되지 못하고 상권이 퍼지는 경향이 있다.

신도시 상가를 판단할 때, 이런 하나의 평가 기준만으로 판단하는 것은 위험할 수 있다. 예를 들어, 전반적인 상권을 볼 때, 도시의 향후 발전 과정을 보는 도시 계획, 도시 전체의 상권 구조와 흐름, 각 상가 배치 구조, 상권 내 상가에 대한 판단이 필요하고, 심지어는 같은 건물 내에서도 위치 및 예상 업종까지 종합적으로 판단하여야 한다.

이런 점을 종합적으로 고려해 보면 마곡지구에는 인구 대비 상가의 비중이 낮은 편이다. 가장 대표적인 부분이 마곡의 용지 중 용적률 등을 고려할 때 많은 인구들이 몰리는 산업단지이다. 산업단지에는 '산업집적 활성화 및 공장설립에 관한 법률'에 따라 기본적으로 근린생활시설, 즉 상가가 들어설 수 없다.

이런 제한 사항을 바탕으로 마곡지구에는 지원 시설 용지와 업무용지 등에 상가가 들어설 수 있다고 하더라도 상가의 수요 대비 공급이 적을 것으로 판단되며, 결국 도시계획에 따라 역별로 구분한 마곡지구의 상가는 어느 신도시보다 투자성이 높을 것으로 보인다.

② 마곡지구의 상가를 위한 시설, 연결녹지

마곡지구의 지원시설 용지와 상업용지에는 마곡역~발산역으로 이어지는 연결녹지가 존재한다. 이곳은 원래 지하철 5호선이 지하로 다니는 곳이다. 지하철 5호선은 마곡지구의 도시 계획 입안 전인 1996년에 개통했다.

그렇다 보니 일반적으로 지하철들은 도로 밑으로 노선이 놓이지만, 5호선 마곡역에서 발산역 구간은 논, 밭이던 당시 일반 농경지 밑으로 배치되었다. 따라서 이 길을 따라 서울시에서도 최초에는 서울식물원과 연계한 언덕이 있는 녹지 비율 70% 이상의 쾌적한 녹지 개념을 도입하였다.

하지만 이곳은 업무시설이 산재해 있고, 메인 상업지구로 상가들이 밀집한 곳이다 보니 일반녹지로 진행하기에는 무리가 있다. 따라서 마곡의 주민들과 지방자치단체의 노력으로 용도가 변경되어 가로 공원 개발이 확정되어 2016년 하반기 착공이 이뤄졌다. 따라서 녹지비율 50~60%대의 가로 공원으로 재조정되었다.

■ 연결녹지 가로 공원 위치와 마곡역의 연결녹지 28/연결녹지 22 현재 공사 진행 상황 모습

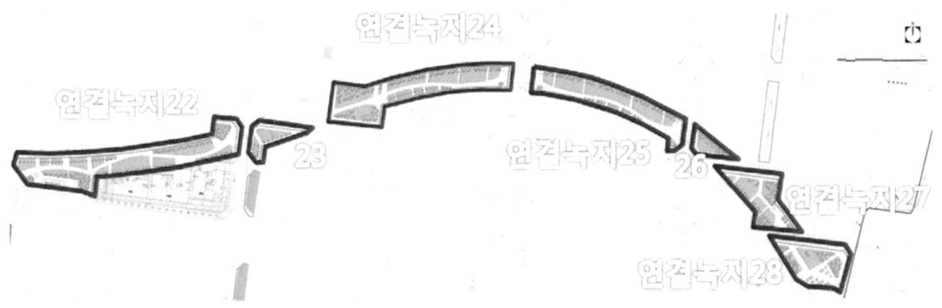

■ 상가를 배려한 연결녹지 22~28의 가로 공원 도면

마곡지구의 가로 공원은 입지로 보면 기업체 정면에 있다. 그리고 특히 연결녹지 22번과 28번의 경우에는 5호선 마곡역과 발산역 초입에 위치해 있으며 넓은 광장을 형성하고 있다. 특히 기업 종사자들의 메인 출퇴근 동선에 위치하며 향후 상권의 발달에 큰 기대를 하게 하는 시설이다.

이런 보행자 전용도로는 많은 사례에서 상가의 임대료가 높게 형성되는 것을 쉽게 찾아볼 수 있다. 가장 대표적인 곳이 신사동의 가로수길이고, 최근에는 연트럴 파크라고 하는 연남동의 경의선 숲길의 모습에서 그 사례를 찾아볼 수 있다.

■ 활성화된 가로공원 상권 예시 - 연남동 경의선 숲길 공원 vs 마곡 가로공원 공사 모습

마곡지구에는 이처럼 유례를 찾아볼 수 없을 정도로 많은 기업들이 단기간에 입주한다. 또한, 지리적인 위치로 보면 외국인들의 접근성이 가장 좋은 곳이다. 그리고 상권을 형성하기 위한 도시계획과 시설들이 사전에 잘 들어 맞아 있다. 이런 점들로 필자는 상가 투자의 최우선 지역으로 마곡지구를 꼽는다.

02 역세권별로 살펴보는 마곡지구 상가

마곡지구의 상가 설명에 앞서 반드시 알아야 할 두 가지를 먼저 얘기해 본다.

마곡지구에는 통 건물 상가가 없다

마곡지구는 일반인들이 매매할 수 있는 상가 중에 통 건물이 없다. 모든 상가 투자자들은 구분형 분양 상가를 매매할 수밖에 없다. 그런데 많은 분들의 편견 중 하나가 신도시 상가는 비싸다는 것이다. 예를 들어보자.

옆의 사진의 건물은 실제 매매 및 분양이 된 사례로 잠실동 상가 주택은 연면적 149평, 매매가에 27억 원, 우측의 판교역 앞 1층 상가는 전용면적 14평에 분양가가 24억이었다. 대개의 사람들은 이 두 개의 선택지가 있다면 우측의 가격에 많은 놀라움을 표시하고, 좌측의 상가 주택을 선택할 것이다.

그러나 필자는 우측의 1층 상가를 선택한다. 그 이유 중 첫 번째는 우측의 1층 상가의 임대수익률이 높게 형성된다. 우선 상가 주택의 경우에는 절대 A급 상권의 A급 위치에는 형성되지 않는다. 생각해 보면, 임대료가 높게 형성되는 대기업 브랜드의 휴대폰 대리점, 대형 프랜차이즈 점포들이 상가 주택에 형성되는 경우는 많지 않다. 그 이유는 상가의 형태가 주차도 어렵고, 대로변에 위치하지 않는다. 또한, 역세권에 위치하기도 어렵다.

■ 송파구 잠실동 연면적 149평 상가주택

■ 성남 판교역 1층 전용 14평 구분상가

그리고 필자가 우측 상가 선택의 두 번째 이유는 바로 공실 위험이다. 아무리 좋은 곳에 위치하는 상가주택이라고 하더라도 3층 이상의 상가까지 임대를 다 맞추는 것은 어렵다. 공실이 크게 되면 관리의 번거로움이 반드시 존재한다.

세 번째는 앞에서 얘기한 이유들로 인하여 좋은 임차인을 구하기 어렵다. 수익형 부동산 중에서 임대인이 가장 임대관리가 번거롭지 않은 물건이 바로 권리금이 형성될 수 있는 상가들이다. 임차인의 월세 밀리는 경우가 없고, 만일 임차인이 변경되더라도 임차인 변경에 임대인의 관리상 어려움이 거의 없기 때문이다.

그런데 마곡에는 앞에서 얘기한 대로 도시계획상 상가 주택이 없다. 대부분은 상가들이 전문 상가 건물의 구분 상가이거나, 아니면 오피스와 오피스텔, 호텔 건물의 1~4층에 형성된 구분 상가들이다. 그리고 대부분의 상가들이 도시계획상 역세권과 대로변 같은 A급 자리에 위치한다.

즉, 마곡에는 정말 좋은 A급 자리에 A급 건물의 상가에 투자할 기회가 있다. 물론 공급이 그만큼 많은 만큼 상가의 옥석을 가리는 판단 기준이 필요하다. 지금부터 필자는 마곡의 역세권별로 마곡지구 모든 건물의 상가를 건물별로 필자의 주관적 시선에 따라 하나씩 여러분들에게 소개한다.

마곡지구 상가 투자, 전용률을 이해하고 전용 면적당 가격을 보자

마곡지구의 상가는 건물마다 분양면적 대비 전용면적을 표시하는 전용률이 다르다. 통상 50% 내외의 전용률로 건물들이 분양되지만, 적게는 40% 초반에서 주차타워같이 공용면적에서 주차면적이 빠진 경우에는 최대 81%까지 차이가 난다. 이 전용률에 따라 상가의 가격이 큰 차이를 보게 된다.

(단위 : 원, 평)

	분양가	전용면적	공용면적	분양면적	전용률	분양 평 단가	전용 평 단가
A 상가	923,797,000	10.68	9.19	19.87	54%	46,492,048	86,497,846
B 상가	1,460,785,000	13.46	18.94	32.40	42%	45,085,956	108,527,860

상기 사례는 마곡에서 분양이 끝난 초역세권의 랜드마크 상가들이다. 입지는 비슷하다고 보고, 여러분이라면 어떤 물건에 투자할 것인가? 우선 A 상가와 B

상가의 평당 분양가를 보면 일반적으로 사람들은 B 상가가 싸다고 한다.

왜냐하면, 현재 마곡지구에 투자하는 사람들이 가격을 비교할 때, 분양 평당 가격을 얘기하기 때문이다. 그러나 중요한 사항은 상가의 경우에는 임차를 기본으로 해야 한다. 분양 당시에는 공용면적 및 주차면적을 포함한 분양면적으로 평당 가격을 계산한다.

하지만 상가를 임차할 때 임차인이 가장 중요시 하는 것은 실제 사용하는 면적인 전용면적으로 임대료 산정을 한다. 또한, 상가의 매매 시에도 마찬가지다. 분양권 상태에서는 분양면적당 가격으로 상가를 비교하지만, 실제로 건물 완공 후 매매 시에는 전용면적당 가격으로 이뤄지게 된다. 따라서 나중에 시장이 안정되고, 건물에 임차가 들어올 때는 분명히 전용면적으로 상가를 평가하게 될 것이다.

결국, 상가 투자를 결정할 때, 가격을 굳이 비교하자고 한다면 분양면적보다는 전용면적으로 비교해야 한다. 따라서 필자는 지금부터 마곡지구의 역별로 살펴볼 현재까지 분양된 상가를 비교할 때는 전용 평 단가를 기준으로 비교 서술하고자 한다.

2016.10.31

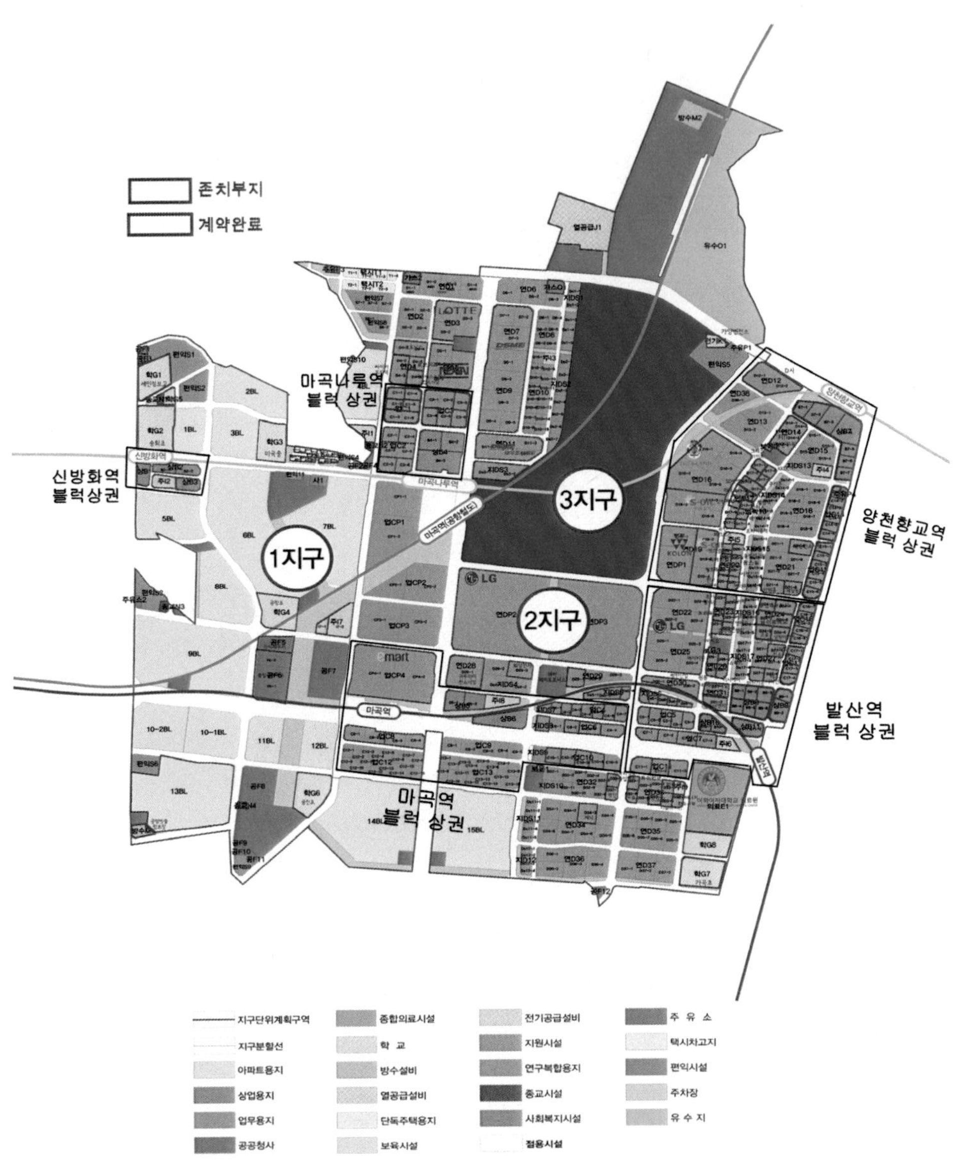

■ 지하철역 구역별로 살펴보는 마곡지구 상권 지도

그리고 마곡지구는 지도에서 보는 바와 같이 역별로 상업지역을 형성하도록 도시계획이 잘 세워져 있다. 기본적으로 필자는 상권을 분류할 때, 지하철역과 보행자 동선의 큰 축이 되는 대로를 기준으로 상권을 분류해 보았다. 지도의 검은 실선의 구획을 따라서 상권을 분류하였고, 권역별로 서술해 나가면서 마곡지구 곳곳의 건물들을 지도상에 표시하고 역별로 10개 내외씩 비교해 나갈 예정이다.

(1) LG사이언스파크를 배후로 둔 마곡역 상권

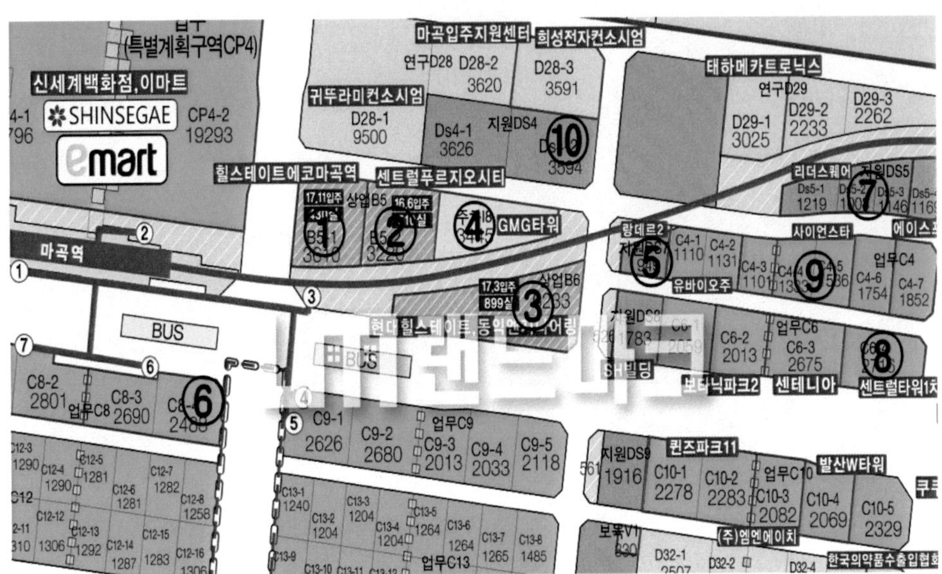

■ 마곡역 사거리에서 본 현재의 마곡역 상권 모습 및 마곡역 상가 Top 10

1996년에 개통한 5호선에서 마곡역은 개통 당시 논밭으로 인해 역사는 없이 플랫폼만 있는 상태였다. 그리고 내발산동 수명산 파크 아파트 입주와 함께 12년만인 2008년에 개통하게 되었다. 그리고 주변에 건물이 없이 이제 개발이 시작되게 되었다.

마곡역은 현재는 아무것도 없지만, 미래에는 그 모습이 180도 달라진다. 우선 가장 큰 역할을 하는 LG사이언스파크의 주 동선에 가장 가까운 상권이 바로 마곡역 상권이 된다. 또한, 마곡역은 마곡의 주 간선도로인 8차선의 공항대로와 7차선의 마곡 중앙로가 교차하는 마곡의 한 중앙에 위치한다.

또한, 마곡역 상권에는 매머드급의 유통시설인 신세계 백화점/이마트 및 면세점이 함께 있는 스타필드가 들어서게 된다. 그리고 연결녹지 광장으로 시작해서 LG사이언스파크 중앙의 보행자 도로와 서울식물원으로 연결되는 공원길까지 연계하여 서울에서 보지 못한 상권이 형성될 것이다.

마곡역 상권에 들어서는 건물들을 살펴보면 우선 상업지역에 오피스텔 건물들과 업무 지역의 오피스 건물이 어우러져 전형적인 업무 지역 상권의 특징을 가진다. 마곡역 상권의 건물들의 특징과 규모 및 개요를 하나씩 살펴보고, 마곡에서 도시 계획을 하나씩 살펴보면서 필자가 3년간 마곡에서 경험한 내용을 토대로 극히 주관적인 마곡의 건물들의 판단 기준 및 장단점들을 서술해 보고자 한다.

① 마곡 공항대로 사거리 코너 상업용지 B5-1 '힐스테이트 에코 마곡역' 상가

■ 힐스테이트 에코 마곡역 상가 특징 및 건물 특징

건물 개요	1~2F : 근린생활시설 상가 3~4F : 업무시설 사무실(94실) 5~14F : 업무시설 오피스텔(475세대)
상가 전용 평당 분양가	1F : 최저 64,527,911 ~ 최고 90,789,924 2F : 최저 29,740,582 ~ 최고 41,227,827
상가 특징	상가의 입지는 마곡역 사거리 위치 및 귀뚜라미와 LG 배후, 최고 자리 입지, 마곡역 가로 공원 광장 앞 상가

힐스테이트 에코 마곡역 상가는 분양 당시부터 많은 인기를 모았다. 일단 지도로 봤을 때, 사거리 코너 자리에 위치하고, 바로 앞 사거리 버스 전용차로의 횡단보도 앞에 위치하여 건물의 입지는 마곡의 최고 자리라 할 만하다. 다만, 3~4층을 오피스로 구성한 점은 아쉽다.

본 건물에 3~4층을 상가로 구성했다면 마곡에서 가장 좋은 병원 입지가 될 수 있었는데 아쉬움이 크다. 그리고 3~4층 오피스의 경우 마곡의 다른 어떤 오피스보다 좋다. 우선 오피스텔 건물이다 보니 다른 상가 오피스 건물보다 주차가 여유롭고, 역 바로 앞의 입지로 많은 임차인들이 선호하는 오피스가 될 것이다.

② 마곡역 가로공원 광장 및 3번 출구 앞 상업용지 B5-2 '센트럴 푸르지오시티' 상가

■ 마곡역 센트럴 푸르지오시티 상가 특징 및 건물 특징

건물 개요	1~2F : 근린생활시설 상가 3~14F : 업무시설 오피스텔(510세대)
상가 전용 평당 분양가	1F : 최저 57,142,857 ~ 최고 86,206,896 2F : 최저 29,546,475 ~ 최고 37,983,118
상가 특징	실질적인 마곡역 3번 출구 바로 앞 상가, 전면 50m 폭 광장 입지, 후면 귀뚜라미 본사 바로 앞 상가

마곡역 센트럴 푸르지오시티 상가는 위치와 평당 가격을 같이 판단해보면 마곡지구에서 가격 대비 가장 가치가 클 수 있는 상가이다. 그리고 510세대의 오피스텔 역시 상가에는 긍정적인 영향을 미친다. 다만, 입주가 2016년 7월로 주변 오피스텔 블록 중 가장 빨랐다.

따라서 주변이 모두 공사장인 상황에서 입주하다 보니 공실 기간이 길었다. 입주 후 1, 2층 상가들의 경우, 거의 8개월 이상 대부분의 상가들이 공실로 있었다. 그러나 가로 공원의 보도길이 완성되어가면서 임차 역시 맞춰져 가는 상황이다. 하지만 상가보다는 오피스텔을 배려한 설계로 인해 과도한 기둥들과 노출이 약한 모습은 단점이다.

③ 마곡역 대로변 최대 규모 랜드마크 상업용지 B6 '힐스테이트 에코 동익' 상가

■ 마곡역 힐스테이트 에코 동익 상가 특징 및 건물 특징

건물 개요	1~2F : 근린생활시설 상가 3~14F : 업무시설 오피스텔(899세대)
상가 전용 평당 분양가	1F : 최저 51,691,949 ~ 최고 99,623,269 2F : 최저 25,116,466 ~ 최고 36,189,326
상가 특징	마곡지구 대로변 133m 랜드마크 상가, 전면 대로변, 후면 가로공원 변으로 양쪽 모두 투자가치 높은 상가

마곡역 힐스테이트 에코 동익 상가의 경우, 공항에서 마곡 지구로 진입할 때 업무 지구에서 가장 먼저 웅장하게 보이는 랜드마크 건물이다. 마곡역 3번 출구 앞 가로 공원 블록에 위치하며, LG사이언스파크의 대문과 같은 역할을 하게 된다. 899세대의 오피스텔 1, 2층 상가로 내부 상주인구도 상당하다. 또한, 가격 측면에서도 최근 분양하는 대로변 상가보다 위치는 좋으면서 상대적으로 가격면에서 합리적인 상가이다. 사실 초기에는 대로변보다 후면 상가의 임대가 활성화될 가능성이 크다. 대로변 상가들의 분양가가 높은 특성으로 임차에 어려움을 겪을 수 있다. 하지만 대로변 상가는 상권이 완성된 이후 안테나 샵[1]이 형성될 가능성이 높다.

④ 마곡역 Main Block 주차 I4 블록 'GMG 주차 타워'

1) 안테나 샵 : 실제 판매에 앞서 신제품이나 신 업태에 대한 시장조사, 수요조사, 광고효과 측정 등을 목표로 운영하는 점포. 패션 회사 등이 고객의 반응과 새로운 유행정보를 빨리 입수하기 위해 젊은 층이 많이 모이는 장소에 개설한 점포로, 파일럿 샵(pilot shop)이라고도 한다. 주위에서 흔히 볼 수 있는 안테나 샵으로는 체인점 본사가 직영하는 점포를 들 수 있다. 체인점 본사는 직영점을 운영하면서 소비자들의 선호도를 테스트해 보고 시장의 흐름을 읽어내 신제품이나 서비스 개발에 반영한다.

■ 마곡역 GMG 주차 타워 상가 특징 및 건물 특징

건물 개요	1~3F, 8F : 근린생활시설 상가 3~7F : 주차장(총 416대 주차)
상가 전용 평당 분양가	1F : 최저 60,000,000 ~ 최고 64,000,000 2F : 최저 19,881,783 ~ 최고 27,269,436 3F(평균) : 21,434,513/8F : 19,803,381
상가 특징	LG 앞 첫 번째 주차 상가, 지상 8층 건물, 전용률 75%, 가로공원 광장 앞 상가

마곡역 GMG 타워는 투자라는 관점에서 보면 가격적인 메리트가 큰 상가이다. 주차 타워의 특성상 전용률이 높은 장점이 있고 특히 신도시 주차 타워의 장점은 상업지구에 일단 주차 공간이 많다는 것이다. 향후 LG사이언스파크가 입주하고 주변 상가들 및 오피스들의 입주가 마무리될 때 상업지구 중심에 있는 GMG 타워가 크게 빛을 발할 것으로 생각한다.

다만, 위치의 장점에도 불구하고, 주차장을 지하로 배치하지 않고 지상으로 배치한 점과 건축 당시 주차 건물과 상가라는 이유로 건축 비용의 절감을 위해 저렴한 자재 사용은 건물의 약점으로 보인다.

⑤ 마곡역 노출도 가장 좋은 전용 상가 DS7 '랑데르2'

건물 개요	1~ 5F : 근린생활시설 상가
상가 전용 평당 분양가	1F : 최저 69,554,455 ~ 최고 73,669,202 2F : 최저 23,570,813 ~ 최고 27,269,436 3F : 최저 19,736,673 ~ 최고 21,714,449 4F(평균) : 18,450,379/5F(평균) : 16,476,700
상가 특징	LG 앞 녹지공원 광장 앞 상가, 서울식물원 조망 가능한 전용 상가

랑데르 2 상가는 평당가격이 저렴하게 분양되었다. 필자의 개인적인 생각으로 마곡지구 전체 상가에서 노출도는 가장 좋은 상가이다. 또한, 앞에 광장과 공연시설이 가능한 연결 녹지 공원이 LG의 한가운데 앞에 위치하며, LG의 앞에서 정면으로 막힌 것 없이 본 상가가 노출된다. 또한, LG 사이의 30m 폭의 공개공지를 통해 서울식물원까지 조망되는 노출도와 조망도는 최고이다. 다만, 토지 면적이 적아 전체 연면적이 5층까지 640평으로 소형 상가라는 단점이 있다. 이렇게 소형 상가로 건축될 경우, 주차의 문제가 발생한다. 총 27대의 주차 공간으로 상가 호실 대비 주차 공간이 적다는 것이 핸디캡이다.

⑥ 마곡역 사거리 코너 최고 자리 사무실 건물 C8-4 '마곡 747 타워'

건물 개요	1~5F : 근린생활시설/6~13F : 오피스
상가 전용 평당 분양가	1F : 최저 88,113,000 ~ 최고 122,666,000 2F : 최저 37,364,000 ~ 최고 46,707,000 3F : 최저 27,891,000 ~ 최고 40,899,000 4F(평균) : 32,507,033/5F(평균) : 26,945,757
상가 특징	마곡의 메인 도로인 8차선 공항대로와 7차선 마곡 중앙로의 사거리 코너에 입지한 상가, 마곡 스타필드 앞 상가로 노출도 최고

2019년 입주 예정인 마곡 747 타워는 마곡의 최고 사거리 코너에 있는 대로변 상가로 노출도는 마곡의 모든 상가 중 최고의 건물이다. 마곡역 3번 출구 바로 앞에 위치하며 마곡 엠벨리 10~15단지의 배후 주거와 홈 앤 쇼핑 등의 기업과 오피스들이 있다.

그리고 마곡역 블록의 상업지구에는 오피스텔 건물들이 들어서면서 3층 이상의 상가공급이 적은 것도 상대적인 장점으로 작용한다. 이점 때문에 필자는 본 건물의 3~5층 상가가 좋을 것으로 본다. 또한, 입주 시기가 상업지역의 모든 건물들이 입주가 완료되고, 공항대로 건너편의 마곡 스타필드가 어느 정도 윤곽이 드러나는 시점인 2019년인 것도 장점이다. 다만, 상대적으로 높은 토지 가격으로 인한 높은 분양가는 단점으로 보인다.

⑦ LG사이언스파크 앞 보행자 도로변 최대 규모 전용 상가 지원용지 DS5-1, 2, 3 '리더스퀘어'

건물 개요	1~6F : 근린생활시설 상가/주차 125대
상가 전용 평당 분양가	1F : 최저 72,702,078 ~ 최고 80,242,935 2F : 최저 23,969,158 ~ 최고 25,394,824 3F : 최저 19,297,771 ~ 최고 20,113,366 4F(평균) : 15,234,995/5F(평균) : 15,233,597
상가 특징	마곡역~발산역 가로 공원 연결녹지변 최대 규모 전체 플라자 상가, LG사이언스파크 최근접 상가

리더스퀘어는 비록 역세권에는 속하지 않는다. 하지만 LG 앞 최대 규모의 플라자 근린생활시설 상가로서 가치가 크다. 마곡역~발산역으로 이어지는 가로 공원의 한 중심에 위치하며 가로 공원 활성화에 가장 크게 영향받는 상가이다. 다만, 지하철역 접근성이 좋지 못하고, 입주 시 상가의 규모가 큰 점이 활성화 이후에는 장점이지만, 입주 초기에 상권 완성에 조금 시간이 걸릴 수 있는 것은 단점이다.

⑧ 마곡지구 첫 입주 섹션 오피스 업무 C6-4 '센트럴 타워 1차'

건물 개요	1~4F : 근린생활시설 상가/5~11F : 오피스
상가 전용 평당 분양가	1F : 최저 75,401,723 ~ 최고 92,173,297 2F : 최저 28,137,614 ~ 최고 34,376,274 3F : 최저 21,103,196 ~ 최고 25,115,120 4F : 최저 17,482,820 ~ 최고 26,531,988
상가 특징	마곡 주요 간선 공항대로 및 마곡동로변 사거리 코너 입지 상가, 마곡 최초 입주 섹션 오피스 건물

마곡역과 발산역 중간에 위치한 센트럴 타워는 입지 면에서 보면 공항대로와 마곡동로의 코너에 위치한 상가이다. 대로변 코너에 위치하여 노출도가 좋은 상가/오피스 건물이다. 위치 대비 최근 신규 분양하는 오피스와 상가 건물보다 가격이 30% 이상 저렴한 것은 큰 장점이다. 다만, 입주가 2016년 9월이라 주변에 모든 건물들이 공사장인 상황에서 유일하게 입주하다 보니 초기 임차가 어려운 점 및 지하철 역세권이 아닌 위치는 단점이다.

⑨ 마곡역 오피스 블록의 중심 업무 C4-4, 5 '사이언스타'

건물 개요	1~4F : 근린생활시설 상가/5~13F : 오피스
상가 전용 평당 분양가	1F : 최저 67,964,912 ~ 최고 73,956,683 2F : 최저 23,979,506 ~ 최고 25,982,080 3F : 최저 19,983,232 ~ 최고 21,984,960 4F : 최저 17,984,630 ~ 최고 19,581,174
상가 특징	마곡역 오피스 블록 중심 오피스 및 상가건물, LG사이언스파크 인접 오피스 블록 대규모 오피스 건물 상가

마곡 '사이언스타'는 초기 분양 오피스 및 상가 건물로 마곡역 업무 지역 중심에 위치한다. 앞으로는 전, 후면 모두가 도로변에 위치하므로 전·후면 모두 가치가 있다. 내부 상가와 같은 상가가 없는 장점이 있다. 또한, 상가 및 오피스 모두 분양 가격이 상대적으로 저렴하다.

⑩ 마곡역 LG사이언스파크 정문 앞 최고 입지 상가 및 오피스 지원 DS4-2 '마곡 이너매스'

건물 개요	B1~4F : 근린생활시설 상가/5~10F : 오피스 B2~B5F : 주차장(주차 252대)
상가 전용 평당 분양가	1F : 최저 85,766,518 ~ 최고 173,742,327 2F : 최저 41,784,380 ~ 최고 69,476,441 3F : 최저 32,547,881 ~ 최고 53,432,031 4F : 최저 27,929,592 ~ 최고 46,395,723
상가 특징	마곡역 LG사이언스파크 중앙 통로 앞 첫 번째 상가/오피스 건물, 사거리 코너 입지 상가, 주변 공원 등 위치로 가시성 높은 상가

이너매스 마곡은 마곡지구의 가장 큰 업무 시설인 LG사이언스파크의 가장 중심 통로 바로 앞에 위치한 단언컨대 마곡 최고 위치에 자리한 상가 중 하나이다. 마곡역 LG 앞 중심 사거리 코너에 있는 점, 입주 시기가 마곡의 모든 시설이 갖춰진 2019년인 점을 감안하면 공실 걱정은 전혀 없는 상가로 보인다. 다만, 계획대로 안테나 샵이 갖춰지기 전에는 역대 마곡지구 상가 중 가장 높은 분양가로 인한 낮은 수익률은 감수해야 한다.

(2) 마곡의 최대 중심 상권 발산역 상권

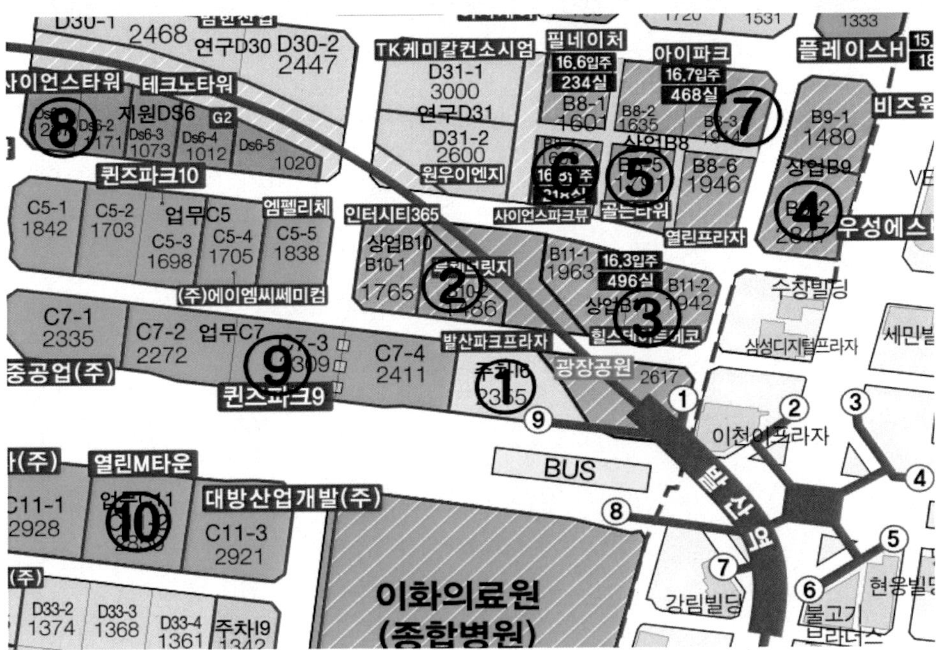

■ 발산역 사거리에서 본 현재의 발산역 상권 모습과 발산역 상가 사례 10

마곡지구의 대표 상권인 발산역 주변 상업시설들은 좋은 인프라를 많이 갖추고 있는 상권이다. 일단, 구도심과 연계해 기존의 강서 1등 상권에 위치한다. 또한, 상업용지의 비율도 다른 역에 비해 높게 형성되어 있음을 알 수 있다. 발산역 상권의 마곡 상권 중 가장 먼저 활성화될 위치이며, 미래에도 마곡의 중심 상권이 될 것이다.

발산역에는 LG사이언스파크 중 LG유플러스, CNS, 생활건강 등의 대기업과 다수의 중소기업을 배후로 두고 있다. 또한, 유흥시설과 레지던스 호텔들이 밀집해 있고, 2019년 완공되는 이화의료원까지 많은 인구가 집객될 곳으로 예상된다. 기존의 주거단지와 기업의 입주가 맞물리면서 큰 중심 상권이 될 곳이다. 마곡지구 지구단위 계획을 보더라도 가장 상업용지의 규모가 큰 곳 역시 발산역이다. 이런 발산역의 유망 상가 10곳을 하나씩 살펴보자.

① 발산역 9번 출구 광장 바로 앞 주차 16 '발산 파크 플라자'

건물 개요	1~5F : 근린생활시설 상가 B1~B7F : 주차장 270대
상가 전용 평당 분양가	1F : 최저 78,870,284 ~ 최고 105,729,953 2F : 최저 19,228,335 ~ 최고 38,458,308 3F : 최저 15,382,639 ~ 최고 28,843,701 4F(평균) : 21,158,795/5F(평균) : 20,192,294
상가 특징	발산역 바로 앞 상가, 발산역 광장 앞 주차 전용 상가로 상업지의 중심에 위치

발산 파크 플라자는 공항대로변에서 마곡지구 입구에 위치한 상가다. 대로변에 위치하여 노출도가 좋으면서 주차 전용상가로서 중심상업지로 발전했을 때, 위치와 상가의 노출 등 다양한 점에서 가치가 높다. 또한, 주차장 상가이면서 모든 주차장을 지하로 건축한 건물로 미래가치가 높다.

② 발산역 만남의 광장 앞 상업 B10-2 '루체브릿지 레지던스 호텔'

건물 개요	1~3F : 근린생활시설 상가 4~14F : 레지던스 호텔(209실) B1~B5F : 주차장(92대 주차시설)
상가 전용 평당 분양가	1F : 최저 82,644,497 ~ 최고 84,735,980 2F : 최저 31,035,181 ~ 최고 32,275,448 3F : 최저 26,069,556 ~ 최고 26,823,977
상가 특징	발산 역세권 도보 1분 상가, 활성화 거점, 기업체 출퇴근 광장 앞 위치

마곡지구의 호텔은 공항 접근성이 좋고, 지하철역이 잘 갖춰져 있고, 주변 기업과 랜드마크 공원이 위치하여 외국인 선호도가 높아서 호텔 운영이 잘 될 조건을 모두 갖추었다. 특히, 중국인 관광객들이 현재 공사장 한 가운데 먼저 오픈한 호텔에 이미 수개월 후까지 예약을 해 놓았다.

이런 점에서 루체브릿지 호텔 상가는 많은 이점을 갖고 있다. 지리적으로도 역 앞에 위치하면서 보행자 도로가 만나는 광장 앞에 위치하여 상가의 많은 장점을 갖고 있다. 또한, 분양가 역시 초기 분양한 상가로 현재 높은 Premium이 형성되어 있다.

③ 발산역 상업지구 입구 코너 상업 B11 '힐스테이트 에코 마곡'

건물 개요	1~3F : 근린생활시설 상가 4~14F : 오피스텔(496실) B1~B6F : 주차장(402대 주차시설)
상가 전용 평당 분양가	1F : 최저 72,149,344 ~ 최고 87,540,628 2F : 최저 33,035,183 ~ 최고 35,265,490 3F : 최저 28,070,790 ~ 최고 32,876,990
상가 특징	발산역 바로 앞 상가, 발산역 광장 앞 오피스텔 상가로 상업지의 중심에 위치

마곡지구에는 역별로 힐스테이트 브랜드들이 총 4개 동으로 들어선다. 그중 가장 먼저 입주한 건물로 발산역의 힐스테이트 에코 마곡은 오피스텔의 입지로도 좋지만, 상가의 입지로도 역 출구 앞 광장의 전면에 위치해 노출과 위치가 좋다. 그런데 발산역 상권임에도 불구하고 분양가격이 저렴한 편이다.

힐스테이트 에코 마곡은 원래 마곡지구의 토지 소유주들이 조합 형태로 시행한 건물로 조합원 분양가로 이뤄진 만큼 분양가가 저렴한 것처럼 보인다. 이는 일반인들에게는 분양되지 않은 상황으로 실제 분양가라고 보긴 어려우며, 현재 매매 상황은 다른 발산역의 상가들과 유사한 가격으로 매매되고 있다.

④ 발산역 사거리 코너 전용 플라자 상가 B9-2 '우성 SB 타워'

건물 개요	1~11F : 근린생활시설 상가 B1~B4F : 주차장(203대 주차시설)
상가 전용 평당 분양가	1F : 최저 89,783,282 ~ 최고 114,697,061 2F : 최저 33,914,053 ~ 최고 39,088,729 3F : 최저 21,486,643 ~ 최고 33,914,053 4F 이상 : 최저 13,658,000 ~ 최고 24,420,463
상가 특징	발산역 대로변 코너 위치 전용 플라자 상가. 1층 대비 상층부 저렴한 분양가

발산역의 우성 SB 타워는 한동안 토지 낙찰가격이 가장 높은 상가로 유명했다. 그만큼 입지도 좋았고, 전용 상가로는 위치가 가장 좋다. 구 상권과 마곡지구의 접점에 위치하며, 구 발산 상권에서 신 상권으로 이전 시 임차인들이 마곡지구에서 가장 먼저 고려하는 상가이기도 하다. 그리고 다른 마곡지구의 상가들과는 달리 초기 임차도 잘 진행되고 있다. 은행과 프랜차이즈 화장품 판매점 등 고가 임대료를 지불하는 업종들로 맞춰지고 있다.

⑤ 마곡지구 유일의 위락 시설 가능 건물 상업 B8-5 '골든 타워'

건물 개요	B1~4F, 12F : 근린생활시설 상가 5~8F : 노래주점/유흥주점 9~11F : 호텔 - 일반형 숙박시설 B2~B5F : 주차장(162대 주차시설)
상가 전용 평당 분양가	1F : 최저 89,973,513 ~ 최고 96,697,061 2F : 최저 28,355,028 ~ 최고 30,389,864 3F : 최저 22,191,069 ~ 최고 24,914,053 4F 이상 : 최저 17,323,703 ~ 최고 21,103,248
상가 특징	발산역 상업지역 내 유일 위락 시설, 호텔 및 유흥주점 동시 입주 상가로 24시간 운영 상가

마곡지구 상업지역 내 유일의 위락시설 가능 상가이며, 24시간 상권이 형성될 것으로 보인다. 발산역 중심 상업지구 내에 있다. 주변 먹자 상권으로 형성되

어 가는 중심 상권의 중앙에 위치하여 임차인들에게 인기가 많은 상가이다. 위락시설과 호텔이 들어서게 되면 상가 자체의 유동 인구만으로도 매출은 어느 정도 안정적일 것으로 보인다. 또한, 지하상가의 경우에도 나이트클럽 입주가 예상되며, 이런 업종들이 맞춰지면, 1~3층 상가 역시 그에 맞는 업종이 들어서게 되어 높은 매출이 예상된다.

⑥ 발산역 중소기업 블록 출입구 오피스텔 상가 상업 B8-4 '사이언스파크뷰 오피스텔' 상가

건물 개요	1~3F : 근린생활시설 상가 4~14F : 오피스텔(218실) B1~B5F : 주차장(181대 주차시설)
상가 전용 평당 분양가	1F : 최저 71,453,376 ~ 최고 84,951,665 2F : 최저 22,050,651 ~ 최고 30,882,243 3F : 최저 18,053,089 ~ 최고 27,360,829
상가 특징	발산역 중소기업 블록 입구에 위치한 코너 상가, 발산역 유흥 상권 입구에 위치

사이언스파크뷰 상가는 발산역 쪽에서 마곡의 연구용지로 들어가는 보행자도로 입구에 위치한다. 출퇴근 시 LG사이언스파크 및 코오롱 등의 대기업 블록과 중소기업 블록이 만나는 활성화 거점 앞의 상가로 노출도가 좋다.

전면에 마곡 최초 입주 기업인 티케이 케미컬과 마주하고 있으며, 2017년 입주 예정인 원우이엔지 등 입주 시 기업체 인구의 증가로 임차 수요가 많을 전망이다. 현재 임차도 편의점, 부동산, 커피숍 및 프랜차이즈 음식점 등으로 맞춰지고 있다.

⑦ 발산역 기업체 블록 앞 첫 번째 오피스텔 상가 상업 B8-2, 3 '마곡 아이파크' 상가

건물 개요	1~2F : 근린생활시설 상가 3~14F : 오피스텔(468실) B1~B5F : 주차장(374대 주차시설)
상가 전용 평당 분양가	1F : 최저 51,845,695 ~ 최고 91,601,993 2F : 최저 20,747,036 ~ 최고 37,342,822
상가 특징	발산역 연구용지 기업 블록 전면 최근접 상가, 브랜드 오피스텔 1, 2층 상가

마곡 아이파크 상가는 건물의 전면이 기업체와 16m 도로를 마주 보고 있다. 마곡 아이파크 앞으로 화천기공, 태고사이언스 등 기업체 들의 공사가 시작되었으며, 2017~2018년 입주를 앞두고 있다. 연구용지 바로 앞의 상가로 연구용지에는 상가가 못 들어가는 점을 감안하면 상가 임차의 안정성이 높을 것이다. 초기 마곡지구의 지주 조합에서 조합원 분양이 이뤄진 건물로 초기 상가이다 보니 상대적으로 분양가 역시 낮은 것도 장점이다.

⑧ LG사이언스파크 발산역 블록 바로 앞 첫 번째 전문 플라자 상가 지원 DS6-1, 2 '사이언스타워'

건물 개요	1~7F : 근린생활시설 상가 B1~B2F : 주차장(95대 주차시설)
상가 전용 평당 분양가	1F : 최저 70,500,000 ~ 최고 101, 834397 2F : 최저 27,417,327 ~ 최고 33,292,722 3F : 최저 17,625,342 ~ 최고 23,500,324 4F 이상 : 최저 16,646,157 ~ 최고 21,542,423
상가 특징	LG사이언스파크 발산 블록 바로 앞 첫 번째 상가, 마곡 가로 공원 사거리 코너 상가

마곡 사이언스 타워는 발산역 블록의 LG사이언스파크 정면 바로 앞 첫 번째 자리에 위치한 사거리 코너 상가다. 전면으로 발산~마곡역으로 이어지는 연결 녹지 가로 공원이 위치한 보행자 전용도로 앞 상가이기도 하다. 주변으로 섹션 오피스 지역과 연구용지가 산재하여 향후 기업 입주 시 유동인구가 많은 사거리 코너이다.

다만, 2017년 1월 입주하는 건물로 LG사이언스파크가 입주하는 2017년 하반기까지는 계속 공사현장의 상가이므로 초기 공실 리스크는 감수하여야 한다. 그러나 기업체의 입주가 지속된다면 그런 단점은 추후 얼마든지 만회할 수 있는 상가이다. 그래서 임차인들의 초기 영업의 어려움이 불 보듯 뻔한 상황이지만, 여러 프랜차이즈 업체들이 임차를 선점하려 하는 상가이기도 하다.

⑨ 발산역 랜드마크 오피스 상가 업무 C7-2, 3, 4 '퀸즈파크 9'

건물 개요	B1~4F : 판매시설 상가/문화시설 5~13F : 업무시설/문화시설 B2~B5F : 주차장(555대 주차시설)
상가 전용 평당 분양가	1F : 최저 105,397,796 ~ 최고 142,896,839 2F : 최저 46,932,164 ~ 최고 52,915,158 3F : 최저 37,297,319 ~ 최고 42,110,147 4F : 최저 21,656,394 ~ 최고 50,536,840
상가 특징	발산역 공항대로 변 랜드마크 건물, 전면 150m 매머드급 건물

'퀸즈파크 9' 건물은 입지 및 규모 면에서 발산역의 랜드마크 건물이다. 공항대로 변에 위치하면서 전면 폭만 150m가 넘을 정도로 가시성이 좋으면서 규모가 큰 것이 특징이다. 또한, 4~8층까지 멀티플렉스 극장이 위치하였고, 유동인구 집적시설까지 유치하여 건물의 유동인구가 많을 것으로 예상된다. 자체 오피스 규모도 상당하여 내부 유동인구도 흡수할 수 있다.

다만, 분양가격이 상대적으로 높은 편이다. 특히 4층 상가의 가격이 상대적으로 많이 높다. 물론 4층 상가의 경우 멀티플렉스 극장 앞 쇼핑몰이 될 가능성이 높다. 이런 점을 감안해서 분양가를 책정한 듯 보인다. 그러나 상대적인 높은 가격은 본 건물의 입지나 규모에도 불구하고 투자 메리트를 감소시킨다.

⑩ 이화의료원 최인접 오피스 상가 업무 C11-2 '열린 M 타워'

건물 개요	B1~5F : 근린생활시설 상가 6~13F : 업무시설 B2~B6F : 주차장(314대 주차시설)
상가 전용 평당 분양가	1F : 최저 111,583,577 ~ 최고 177,677,279 2F : 최저 41,066,341 ~ 최고 46,287,346 3F : 최저 29,879,606 ~ 최고 36,531,498 4F 이상 : 최저 22,545,454 ~ 최고 32,363,636
상가 특징	발산역 공항대로 변 상가 오피스 건물, 이화의료원 최인접 오피스 상가

발산역 열린 M 타워는 여러모로 분양 당시 화제가 된 건물이다. 특히 SH공사에서 토지 입찰 당시 현재까지 마곡지구에서 가장 높은 토지낙찰가를 기록했다. 이렇게 높은 가격으로 낙찰되다 보니 분양가 역시 가장 높을 수밖에 없는 건물이었다. 특히 1층의 경우에는 이화의료원 앞 약국이라는 콘셉트로 분양가를 책정하기도 하였다. 분양가를 제외하고 입지가 나쁘지는 않지만 높은 분양가는 어쩔 수 없이 투자를 주저하게 한다.

(3) 마곡 유일 환승 역세권 '마곡나루역 상권'

마곡지구의 분양 초기 일반인들에게 가장 인기가 많은 상권이 바로 마곡나루역 상권이었다. 일단 가장 큰 이유는 2017년부터 마곡나루역은 공항철도와 9호선이 만나는 환승역이 된다. 또한, 특별계획구역과 서울식물원 등 주변 호재들이 많았다. 그리고 대우조선해양, 넥센타이어, 롯데그룹 연구소까지 대기업들의 입주도 확정되어 있었던 상황이었다.

그러나 마곡나루 역세권의 단점은 대형 호재도 많지만, 대형 호재가 이뤄지는데 시간이 걸리는 점이다. 상가의 입주 시기와 특별계획구역의 시설들의 입주 시기의 차이가 있다. 이렇다 보니 초기 상가 입주가 어려울 수 있다. 게다가 2016년 마곡나루역 입주 기업 중 가장 큰 대우조선해양이 입주가 불가능해지면서 어려움을 겪게 되었다.

하지만 향후 개발 호재가 많은 지역인 만큼 장기적인 관점에서는 여전히 호재가 존재한다. 또한, 대우조선해양 부지 역시 하나씩 매각이 진행되면서 불확실성이 점차 없어지는 점도 있다. 마곡나루역 상권을 이해하기에 앞서서 반드시 알아야 할 내용이 바로 특별계획구역 개발계획이다. 이 점부터 먼저 짚고 넘어간 이후 마곡나루역 개별 건물들에 대해 하나씩 알아보자.

마곡나루역 특별계획구역은?

마곡지구 개발계획 수립 당시 초반부터 마곡나루역은 마곡지구의 중심으로 공항 접근성 및 대중교통, 기업체들의 입주로 인한 외부 인구 유입 등의 입지 여건에서 국제 컨벤션 행사 및 관광 등을 아우르는 사업인 MICE[2]산업 유치의 최적 입지로 평가받았다. 따라서, 마곡지구의 마곡나루역 주변 121,963㎡의 대규모 부지를 특별계획구역으로 지정하여 종합적인 개발계획을 수립 중이다.

현재 '제2코엑스'를 목표로 개발되는 마곡 특별계획구역 중 마곡역 앞쪽 39,089㎡의 CP 4-1, 4-2블록은 이미 신세계/이마트 측에 매각된 상황이며, 이 구역은 현재 대형 쇼핑몰의 사례인 하남의 스타필드처럼 기획되어 기본 설계 준비 중이다. 그리고 서울시에서도 구역별로 다음 페이지의 그림처럼 기본 계획을 정하고, 구역별로 2017년 중으로 토지 매각계획을 정하고 있다.

다만, 최근 서울시에서는 이 부지들에 대한 개발 변수인 고도제한 완화를 추진하고 있다. 하지만 고도제한 완화까지는 시일이 걸릴 것으로 보여 현재 고도제한 높이인 57.86m를 기준으로 매각하고, 추후 고도제한이 완화되면 추가 이익을 환수하는 방식으로 진행될 예정이다. 만일 고도 제한이 완화되고, 30층 이상 건축이 가능해지게 되면 이 지역은 국제 컨벤션 및 MICE 산업의 최적 입

2) MICE 산업 : 기업회의(Meeting), 포상관광(Incentive trip), 컨벤션(Convention), 전시박람회와 이벤트(Exhibition&Event) 등의 영문 앞 글자를 딴 말이다. 좁은 의미에서 국제회의와 전시회를 주축으로 한 유망산업을 뜻하며, 광의적 개념으로 참여자 중심의 보상관광과 메가 이벤트 등을 포함한 융·복합산업을 뜻한다. 마이스는 각인과 지역경제 활성화는 물론 일자리 창출과 부가가치 유발을 가져온다는 점에서 '굴뚝 없는 황금산업'으로 불린다. 싱가포르와 홍콩 등의 국가는 오래전부터 각종 국제회의와 기업 인센티브 여행, 대규모 컨벤션과 국제전시회를 합해 하나의 산업으로 육성시켜 오고 있다.

지로 마곡지구가 한 단계 더 도약하게 될 전망이다.

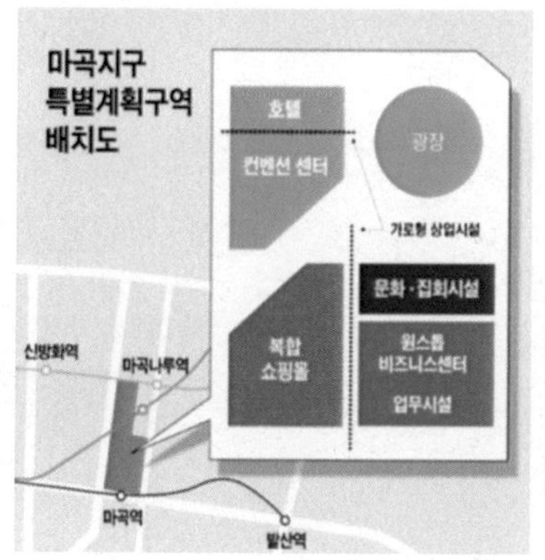

■ 서울 MICE산업의 중심이 될 마곡 특별계획구역

이런 호재로 마곡나루역 블록의 상가들은 처음부터 많은 관심을 받았다. 하지만 입주를 시작했던 2016년부터 본격적으로 입주를 시작하는 2017년에도 상가 임차에 어려움이 있을 수밖에 없다. 다만, 단계적으로 좋아질 것은 확실하다. 우선 2017년 10월 부분 오픈하는 서울식물원이 첫 번째 단계로 이 지역 상권에 도움을 줄 것이다. 그리고 2017년 하반기부터 기업들의 입주 시작으로 역시 도움을 줄 것이다. 그리고 최종적으로 넥센타이어와 대우조선해양 부지의 매각 완료 및 공사 완료, 특별계획구역의 완공까지 단계적으로 좋아질 것으로 보인다.

■ 마곡나루역 상권의 지도와 현재 상황의 마곡나루역 상권의 공사 모습

① 마곡지구 최대 규모 오피스텔 상가 건물 상업 B4-3 '보타닉 푸르지오시티'

건물 개요	B3~B8F : 주차장(1,166대) B2~2F : 근린생활시설 상가, 문화시설 3~14F : 오피스텔(1,390실)
상가 전용 평당 분양가	B1F : 최저 29,030,000 ~ 최고 40,637,000 1F : 최저 68,259,000 ~ 최고 104,680,000 2F : 최저 30,187,000 ~ 최고 46,438,000
상가 특징	마곡나루역 최대 규모 오피스텔 건물, B2층 예식장 시설로 집객 효과 증대

마곡나루역의 랜드마크 건물은 바로 보타닉 푸르지오시티이다. 마곡나루역의 경우 2017년 12월에는 지하철 9호선과 공항철도의 환승역으로 개통한다. 본 건물은 지하철역이 바로 건물과 연결이 되어 마곡나루역을 이용하는 기업 직장인과 거주민들이 반드시 거쳐야 하는 동선에 놓이게 된다.

또한, 특별계획구역의 MICE 산업단지 조성 시 가장 큰 혜택을 보는 상가가 된다. 그리고 2017년 10월 개장 예정인 서울식물원 입구 바로 앞 상가가 되는 등 호재가 가득하다. 그리고 자체 오피스텔 역시 1,390실로 마곡지구 전체에서 가장 단지가 큰 오피스텔이다. 이 정도 규모가 되면 자체 거주자들만으로도 어느 정도 상권이 만들어지게 된다.

② 호텔과 오피스텔이 함께 있는 상업 B4-1 '힐스테이트 에코 마곡나루 라마다 호텔'

건물 개요	B2~B6F : 주차장(430대) B1~2F : 근린생활시설 상가 3~14F : 오피스텔(440실), 호텔(228실)
상가 전용 평당 분양가	B1F : 최저 25,323,109 ~ 최고 32,920,656 1F : 최저 70,335,783 ~ 최고 93,783,628 2F : 최저 27,760,384 ~ 최고 40,571,219
상가 특징	호텔/오피스텔 복합 건물로 내부 유동인구 비율이 높은 건물

힐스테이트 에코 마곡나루역 건물은 마곡나루 역세권에 있다. 특히 이 건물의 특징 중 하나는 내부 상가가 잘 발달되어 있다. 일반적으로 노출되지 않은 내부 상가는 가치가 떨어지게 된다.

그러나 힐스테이트는 보타닉 푸르지오 시티와 연계하여 마곡나루역에서 푸르지오로 연결된 지하철 연결 출입구 앞에서 힐스테이트까지 강제 보행 동선이 위치하여 내부 유동 상가 구성이 잘 되었다. 또한, 외부 역시 기둥과 상가의 구조에서 설계가 잘 되었음을 알 수 있다.

③ 마곡 중앙로 대로변 상업지구 오피스텔 상가 상업 B4-2 '캐슬파크'

건물 개요	B2~B6F : 주차장(493대) 1~2F : 근린생활시설 상가 3~14F : 오피스텔(648실)
상가 전용 평당 분양가	1F : 최저 58,437,936 ~ 최고 91,123,526 2F : 최저 28,315,217 ~ 최고 41,591,512
상가 특징	오피스텔/상가 복합 건물, 대로변 서울식물원 접근성이 좋은 상가

마곡나루역 캐슬파크는 마곡나루역 상업지역 대로변의 건물로 기업체 앞 첫 번째 상업지역 블록 상가이다. 마곡 중앙로 대로변에 위치하여 대로변 노출도가 좋은 상가로 맞은편 서울식물원을 마주 보고 있다. 또한, 보타닉 푸르지오 시티와 마주 보고 있는 내부의 경우에도 힐스테이트와 함께 광장을 형성하여 내부 상가의 단점을 어느 정도 상쇄시킨 설계가 돋보인다.

④ 마곡나루역 역세권 첫 번째 위치 섹션 오피스 업무 C2-4, 5 '더 랜드타워'

건물 개요	1~3F : 근린생활시설 상가 4~12F : 업무시설 오피스 B1~B3F : 주차장(334대 주차시설)
상가 전용 평당 분양가	1F : 최저 52,243,478 ~ 최고 78,255,051 2F : 최저 19,543,436 ~ 최고 29,342,929 3F : 최저 12,320,445 ~ 최고 22,885,266
상가 특징	마곡나루역 첫 번째 대형 규모 오피스 건물, 내부 독창적 디자인을 활용한 상가 배치

마곡나루역 더 랜드타워는 역에서 가장 가까운 오피스 건물로 아파트 단지 방향의 A동과 오피스텔 상업지역과 마주 하는 B동으로 구성되어 있다. 상가 입장에서는 A동과 B동의 가치가 차이가 있다. 아무래도 상업지역과 연결된 B동이 인기가 더 높았으며, 향후 가치도 다르지 않을 것으로 보인다.

본 건물은 오피스 블록의 초입으로 향후 사무실 수요자들의 인기가 가장 높을 것으로 예상한다. 그리고 먹자골목 사거리로 이어지는 B동의 상가들은 내부 오피스 수요와 유동인구 수요를 함께 누릴 수 있을 것으로 보인다. 입주 시기도 2018년 상반기로 다른 건물들이 어느 정도 자리 잡은 이후에 들어오는 것도 장점이다.

⑤ 마곡나루역 상업 권역 코너 섹션 오피스 상가 건물 C3-4 '보타닉 비즈타워'

건물 개요	1~3F : 근린생활시설 상가 4~12F : 업무시설 오피스 B1~B4F : 주차장(176대 주차시설)
상가 전용 평당 분양가	1F : 최저 62,396,565 ~ 최고 74,694,916 2F : 최저 23,036,690 ~ 최고 27,589,784 3F : 최저 15,558,158 ~ 최고 19,161,463
상가 특징	마곡나루역 상권 중심 상업지역 사거리 코너에 위치한 상가 및 오피스

보타닉 비즈타워는 마곡나루역 업무지구 블록의 유동인구가 가장 많을 것으로 예상하는 상업지역의 중심 사거리에 있는 중형 오피스 상가 건물이다. 상가의 삼면이 모두 외부에 배치되어 노출 사각이 없는 것이 장점 중 하나이다. 상가 분양가 역시 상대적으로 낮은 편으로 투자 가치도 좋은 건물이다.

⑥ 마곡나루역 중소 오피스텔 블럭 입구 오피스텔 상가 C1-3, 4 '일성 트루엘'

건물 개요	1~2F : 근린생활시설 상가 3~14F : 업무시설 596실 오피스텔 B1~B5F : 주차장(395대 주차시설)
상가 전용 평당 분양가	1F : 최저 50,463,724 ~ 최고 68,698,683 2F : 최저 22,376,682 ~ 최고 31,326,969
상가 특징	마곡나루역 오피스텔 블록 초입 입구 위치, 중심상권 사거리에 위치

마곡나루역 일성 트루엘 오피스텔은 마곡나루역 블록에서 가장 먼저 입주한 오피스텔로 주목을 받았다. 위치적으로도 사거리 코너에 위치하였고, 전면 넓은 폭으로 상가가 배치되어 입지도 좋았다. 초반에 중개사무소와 주변의 공사장을 감안한 부페 식당 위주로 임차가 맞춰지기도 하였다.

후면 중소형 오피스텔 블록의 입구에 위치한 장점이 있으며, 후면 내부 상가 역시 오피스텔 블록의 통로가 배치되어 편의점이 입점하는 등 공실률이 낮다. 분양가 역시 초기 입주 상가답게 낮은 편이며, 1층 상가의 경우 높은 프리미엄이 형성되어 있다.

⑦ 먹자골목 코너 오피스 건물 C2-4 '보타닉 파크타워'

건물 개요	B1~4F, 12F : 근린생활시설 상가 5~11F : 업무시설 오피스 B1~B4F : 주차장(179대 주차시설)
상가 전용 평당 분양가	1F : 최저 71,349,839 ~ 최고 89,940,535 2F : 최저 26,829,642 ~ 최고 35,776,983 3F : 최저 19,432,723 ~ 최고 28,642,265 4F 이상 : 최저 16,783,073 ~ 최고 33,172,218
상가 특징	마곡나루역 주거 및 업무 중심 상권 코너 사거리에 있는 상가 및 오피스

보타닉 파크타워는 초기 마곡나루역 분양 오피스 건물로 사거리 코너 입지에 위치한다. 특히 오피스 건물에서 4층까지 오피스가 아닌 상가로 배치하고, 탑층을 다시 근린생활시설로 배치한 독특한 구조의 건물이다. 특이한 점은 12층 탑층 부분에 상가를 배치했다. 이 지역에서 유일하게 탑층 상가로 형성되어 스카이라운지 형식에 맞는 업종이 특화될 수 있을 것으로 본다.

⑧ 대기업 넥센타이어, 롯데 연구소 최인접 대로변 오피스 상가 C3-3 '프라이빗 2차'

건물 개요	1~3F : 근린생활시설 상가 4~13F : 업무시설 오피스 B1~B5F : 주차장(192대 주차시설)
상가 전용 평당 분양가	1F : 최저 71,349,839 ~ 최고 89,940,535 2F : 최저 26,829,642 ~ 최고 35,776,983 3F : 최저 19,432,723 ~ 최고 28,642,265
상가 특징	마곡나루역 입주 대기업 넥센타이어, 롯데 연구소 최인접 사무실 상가

프라이빗 2차는 마곡나루역에서 3분 거리로 마곡 중앙로 대로변에 위치한 사무실, 상가 건물이다. 프라이빗 1차와 함께 쌍둥이 건물 형태의 독특한 디자인으로 구성된 건물로 향후 임차 진행 시 인기가 많을 것으로 보인다. 또한, 넥센타이어와 롯데 연구소의 최인접 상가로 마곡나루역의 배후 입주 시기가 늦은 만큼 대부분의 건물들의 초기 입주가 문제가 되지만, 가장 먼저 입주하는 롯데 연구소의 입주 시기에 상가 임차의 호재로 작용할 것이다.

⑨ 마곡지구 최대 오피스 상가 C3-1, 2, 5 '더 랜드파크'

건물 개요	1~3F : 근린생활시설 상가 4~13F : 업무시설 오피스 B1~B3F : 주차장(511대 주차시설)
상가 전용 평당 분양가	1F : 최저 55,142,490 ~ 최고 79,429,108 2F : 최저 20,163,577 ~ 최고 27,867,894 3F : 최저 17,726,281 ~ 최고 22,373,899
상가 특징	마곡지구 최대 오피스/상가 건물, 자체 내부 인구 2,000여 명의 오피스/상가

마곡지구 최대 규모 오피스로 총 3개 필지 3개 동으로 건축된다. 그 규모 면에서 분양 당시부터 화제가 되었던 건물이다. 독특한 디자인과 건물의 배치가 장점으로 내부 오피스 규모가 워낙 커서 자체 건물만으로도 모두 입주 시 상주 직장인 인구가 2,000명 가까이 될 것으로 예상된다. 따라서 내부 수요만으로도 어느 정도 상가가 형성될 수 있을 것으로 판단한다.

또한, 상가 북쪽의 경우, 넥센타이어 및 중소기업과 연접한 상가들로 기업 입주 시 대형 상권으로 발전할 가능성도 있다. 그러나 이 부분이 바로 단점으로도 작용한다. 우선 초기 더 랜드파크 오피스의 입주율이 낮을 수밖에 없다. 초기에는 어려움이 있지만, 초기 분양가가 상대적으로 낮은 점과 규모로써 내부 상권이 살아날 수 있는 것을 감안하면 더 랜드파크 상가도 투자가치가 높다고 본다.

⑩ 마곡나루 중소기업 블록 최인접 사거리 코너 오피스텔 상가 C1-6 '헤리움 2차'

건물 개요	1F : 근린생활시설 상가 2~14F : 업무시설 312실 오피스텔 B1~B5F : 주차장(203대 주차시설)
상가 전용 평당 분양가	1F : 최저 55,086,056 ~ 최고 62,966,903
상가 특징	마곡나루역 중소기업 블록 기업체 바로 앞 상가, 상가 앞 기업체 2017년 입주

마곡 헤리움 2차 오피스텔 상가는 1층만 상가로 구성되어 있다. 오피스텔 배후로 필수로 들어가는 부동산과 대형 브랜드 편의점이 초기 입주해 있다. 또한, 2017년 입주 예정인 에스에스뉴테크의 영향으로 주변이 공사장으로 유동인구가 적은 편임에도 불구하고 하나둘 임차가 맞춰져 있다. 초기 분양가 역시 상대적으로 낮아 투자가치 측면에서도 높다.

(4) 마곡의 입구, 중소기업과 대기업이 어우러진 양천향교역 상권

■ 양천향교역 앞 사거리 일자형으로 뻗은 건물의 모습과 위치

양천향교역 블록의 상권은 마곡의 입주 초기 입주가 이뤄진 오피스텔로 구성되어 있다. 양천향교역의 배후에는 서울시에서 시행하는 지식산업센터를 시작으로 이랜드, 코오롱, 에쓰오일 등 대기업과 중소기업들을 배후로 두고 있다. 또한, 기존 주거지역을 배후 수요처로 두고 있기도 하다.

■ 아직 미착공 상태인 연구용지와 양천향교역 오피스텔의 모습

그러나 마곡지구의 입주 초기에는 양천향교역 권역의 오피스텔들부터 입주했다. 그리고 기업은 오피스텔 입주보다 짧게는 2년, 길게는 5년까지도 늦게 입주하게 된다. 이런 상황이다 보니 배후 수요가 오피스텔 입주자 밖에 없다. 앞 페이지의 사진에서 보면 아직은 빈 공터인 기업체 부지와 오피스텔의 건물이 이런 상황을 여실히 알 수 있다. 이런 점에서 초기 공실률은 높을 수밖에 없었다.

그러나 양천향교역 상권의 지도를 자세히 보면 산업단지와 마주 보고 있는 상권으로 분명 향후 기업들이 입주하는 시점에서는 기업체의 배후 상권으로 상가들의 가치가 높아질 수 있는 여지가 많다. 이런 점을 감안해 최근 임대인들이 임대료를 낮추면서 기업체 배후를 선점하기 위한 독특한 업종들의 임차가 하나, 둘 맞춰지고 있다.

또한, 양천향교역 상권의 특징은 1층만 상가인 경우가 많아 상가 공급이 적었던 것도 장점이다. 그리고 분양가 역시 낮았으므로 상가를 잘 고르면 적은 금액으로 고효율의 투자가 가능하다. 그럼 건물별로 어떤 상가들이 좋은지 하나씩 살펴보자.

① 양천향교역 랜드마크 오피스텔 상가 상업 B7-3, 4 '대방디엠시티 1차'

건물 개요	B1~2F : 근린생활시설 상가 3~14F : 업무시설 1,281실 오피스텔 B1~B5F : 주차장(926대 주차시설)
상가 전용 평당 분양가	1F : 최저 67,214,646 ~ 최고 94,603,097 2F : 최저 23,549,645 ~ 최고 36,373,081
상가 특징	양천향교역 사거리 코너에 입지, 양천향교역 지하로 연결된 오피스텔 상가

양천향교역 대방디엠시티는 올림픽대로에서 마곡지구에 들어설 때 입구에 있는 매머드급 오피스텔 상가이다. 대방디엠시티는 마곡나루역의 보타닉 푸르지오시티와 함께 9호선 지하철역에서 바로 연결되는 큰 장점이 있다. 그리고 내부 세대 수가 큰 만큼 초기에 기업체가 입주하지 않은 상황이라도 내부 수요만으로도 어느 정도 상권이 형성될 수 있다. 또한, 양천향교역 건너편으로는 구 도심과 맞닿아 있어 초기 상권 형성도 가능하다.

② 양천향교 7번 출구 바로 앞 오피스텔 상가 상업 B7-5, 6 '엠코지니어스타'

건물 개요	B1~2F : 근린생활시설 상가 3~14F : 업무시설 559실 오피스텔 B1~B5F : 주차장(401대 주차시설)
상가 전용 평당 분양가	1F : 최저 63,545,131 ~ 최고 79,494,068 2F : 최저 19,863,744 ~ 최고 28,799,724
상가 특징	양천향교역 7번 출구 앞 대로변 상가, 양천향교역 일대 유동인구 가장 많은 동선 출입구에 위치

양천향교역 엠코지니어스타 오피스텔 상가는 마곡지구에서 가장 먼저 토지가 낙찰되었던 건물이다. 마곡의 일반 토지 입찰 최초 건물로써 마곡의 시작이 된 건물이다. 위치도 양천향교역 7번 출구 바로 앞에 위치하여 오피스텔 출퇴근 동선의 입구에 있다. 또한 1층 상가의 경우, A동과 B동의 중간에 폭 10m 이상의 통로를 배치함으로써 내부 역시 외부에서 노출될 수 있도록 배려한 점은 돋보인다.

강서로 대로변에 위치하여 대로 노출도 좋으며, 강서로 건너편으로 구 상권과 맞닿아 이곳 상가에 입주한 건물들 모두 초기 매출도 안정적으로 발생되기도 하였다. 다만 2층 상가의 경우, 건축 설계에서 배려가 되지 못하여 출입구를 찾기 어려운 것은 아쉬운 점이다.

③ 양천향교역 유일 3층 이상 가능 주차 타워 상가 주차 14 '보타닉 파크 플라자'

건물 개요	1~5F : 근린생활시설 상가 B1~B7F : 주차장 400대
상가 전용 평당 분양가	1F : 최저 65,000,000 ~ 최고 85,000,000 2F : 최저 30,000,000 ~ 최고 41,000,000 3F : 최저 28,000,000 ~ 최고 38,000,000 4F : 최저 30,000,000 ~ 최고 46,000,000
상가 특징	양천향교역 유일 3층 이상 전용 상가, 주차를 모두 지하로 배치

양천향교역 보타닉 파크 플라자는 양천향교역 일대에서 유일하게 3층 이상 상가가 배치된다. 뒤에서 주차용지 상가의 특징을 자세히 나열하겠지만, 주차용지 상가는 향후 도시가 완성되어 갈 때, 더욱 가치가 빛을 발한다.

본 건물의 경우, 장점 중 하나는 전 호실 공용 서비스 면적이 넓게 분포되어 있다. 따라서 서류상의 면적보다 더 넓게 활용 가능하므로 임차인들의 선호도가 높을 것으로 예상된다. 그리고 본 건물에는 내부에 24인승 침대형 엘리베이터가 있어서 병원 입주도 가능하며, 주변 3층 이상 건물이 없으므로 임차에도 장점이 있다.

④ 양천향교역 일대 기업 입주 이후 입주하는 오피스텔 상가 상업 B7-1, 2 '대방디엠시티 2차'

건물 개요	1~2F : 근린생활시설 상가 3~14F : 업무시설 714실 오피스텔 B1~B6F : 주차장(560대 주차시설)
상가 전용 평당 분양가	1F : 최저 89,931,765 ~ 최고 104,220,790 2F : 최저 32,843,836 ~ 최고 50,037,868
상가 특징	양천향교역 대로변 입지, 공원 조망 가능한 오피스텔 상가

대방디엠시티 2차 오피스텔은 1차와 합할 경우, 2,000세대가 넘는 단지가 된다. 또한, 건물 주위로 도레이 케미컬, 이랜드, FITI 시험 연구원 등 다수 대기업의 최근접 상가가 되므로 향후 배후 수요 또한 풍부하다. 그리고 본 건물의 가장 큰 장점은 기업들이 어느 정도 입주한 이후 2019년 준공인 만큼 공실 리스크가 작다. 다만, 양천향교역 일대에서 가장 높은 분양가는 투자의 걸림돌이기도 하다.

⑤ 9호선 양천향교역 블록 사거리 코너 오피스텔 상가 업무 C14-1, 2 '경동미르웰 1차'

건물 개요	1F : 근린생활시설 상가 2~10F : 업무시설 297실 오피스텔 B1~B4F : 주차장(242대 주차시설)
상가 전용 평당 분양가	1F : 최저 50,991,000 ~ 최고 69,357,000
상가 특징	양천향교역 중소 오피스텔 출퇴근 동선 입구 사거리에 위치

경동미르웰 1차 상가는 양천향교역 초반 입주 상가로 층고 7m로 높게 구성한 점이 돋보인다. 또한, 위치상으로도 사거리 코너 두 곳을 맞물려 있는 상가로 장점이 많다. 다만, 바로 앞 주유소 용지가 최근 낙찰되어 공사 중이고, 이로 인하여 상가 일부 호실이 영향을 받는 것이 아쉬운 점이다.

⑥ 층고 7m, 15m 보행자 광장 앞 오피스텔 상가 업무 C14-6 '대명21'

건물 개요	1F : 근린생활시설 상가 2~10F : 업무시설 180실 오피스텔 B1~B5F : 주차장(112대 주차시설)
상가 전용 평당 분양가	1F : 최저 61,076,061 ~ 최고 64,66?,667
상가 특징	S-oil, 코오롱 최인접 상가, 버스정류장 앞 만남의 광장 조성 상가

양천향교역 대명 21 상가는 역에서는 도보 5분 거리로 떨어져 있지만 바로 앞 버스 정거장이 있다. 또한 S-oil, 코오롱 등 대기업의 퇴근 동선에 위치해 있고 상가 앞으로 폭 15m의 광장이 형성되어 향후 기업체 입주 시 만남의 광장 같은 역할을 하게 될 곳이다.

다만, 바로 뒷 블록의 중소기업들 입주가 2년에 걸쳐 이뤄지므로 초기 임차에 어려움이 있다. 그리고 상가의 구조는 층고 7m의 통유리로 노출도가 좋은 점은 장점이다. 현재 임차가 하나둘 맞춰지고 있으며, 분양가가 상대적으로 낮은 편이어서 투자가치도 높다.

⑦ 코오롱, S-oil 등 대기업 입구 대로 사거리 코너 오피스텔 상가 업무 C15-6 '아르디에'

건물 개요	1F : 근린생활시설 상가 2~10F : 업무시설 188실 오피스텔 B1~B5F : 주차장(119대 주차시설)
상가 전용 평당 분양가	1F : 최저 53,453,775 ~ 최고 80,724,375
상가 특징	S-oil, 코오롱 차량 출입로 사거리 코너 상가, 3면의 대로 노출 상가

아르디에 오피스텔 상가는 대로 노출이 좋은 장점이 많은 상가이다. 기존 호서대 인근 상가로써 초기 임차 시에도 유동인구가 많은 편이었다. 코오롱과 S-oil 및 발산역 블록의 LG사이언스파크 차량 출입로에 위치하고, 삼면의 대로 노출도가 좋다.

다만, 아직 미분양 상가가 몇 호실 남아 있다. 이런 이유는 상가의 건축 설계가 좋지 않았다. 일부 호실은 아예 노출이 안 되기도 하고, 오피스텔 위주의 시행회사에서 건축하다 보니 상가의 구성 및 시설들이 조금 부족하다. 그래도 위치적인 장점이 있어서 향후 투자 가치는 이 모든 단점을 상쇄할 것으로 본다.

(5) 마곡의 거주지역의 중심 상권 신방화역 상권

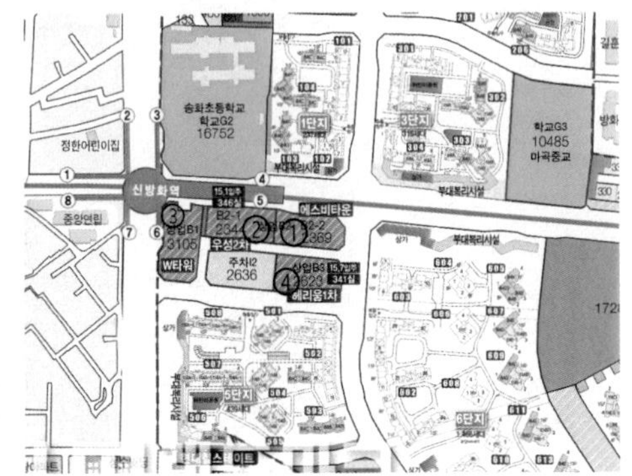

마곡지구는 도시개발계획을 자세히 보면 주거와 업무 상업을 분리하여 체계적으로 계획을 세운 전형적인 신도시이다. 그리고 마곡지구는 산업단지 위주로 주거 용지 비중이 18% 정도로 낮다. 신방화역 상권은 바로 이러한 주거지의 중심에 몰려있는 전형적인 주거지역 상권이다. 마곡지구에서 기업보다 앞서서 2014년부터 주거단지인 엠벨리 아파트에 거주자들이 입주하기 시작했다. 총 13,000세대가 입주하는 가운데, 주거단지 중심상권으로는 신방화역 상권이 유일하다. 흔히 사람들이 중심으로 몰리는 항아리 상권의 전형이라 볼 수 있다.

그리고 다른 역들의 상권의 경우에는 기업체의 입주보다 상가 입주가 먼저 이루어지다 보니 공실 기간이 어느 정도 발생할 수밖에 없는 상황이다. 그러나 신방화역의 상권은 주거지가 먼저 갖춰지고 상가들이 입점하다 보니 초기에 공실 없이 임대가 잘 맞춰진 점도 주요 특징으로 볼 수 있다.

① 신방화역 중심 사거리 코너 전체 플라자 상가 상업 B2-2 '에스비타운'

건물 개요	1~11F : 근린생활시설 상가 B1~B4F: 주차장 150대
상가 전용 평당 분양가	1F : 최저 59,074,733 ~ 최고 87,639,257 2F : 최저 22,853,123 ~ 최고 31,418,764 3F : 최저 17,142,123 ~ 최고 20,944,310 4F 이상 평균 : 15,240,274
상가 특징	신방화역 주거단지 중심 상가, 아파트 메인 단지 사거리 코너 입지, 신방화역 출구 앞

신방화역에 첫 번째 입주한 에스비타운의 경우, 마곡지구에서 가장 먼저 입주한 상가이다. 주거 단지 중심 사거리에 위치하였고, 1~11층 전 층 공실 없이 입주 완료한 상태이다. 배후 주거 단지 등의 발달로 학원, 병원들이 상층부에 주로 배치되고, 1층에는 프랜차이즈 판매점, 약국, 통신대리점 등 전형적으로 부가가치가 높은 점포들이 배치되어 있다.

② 신방화역 첫 번째 주상복합 오피스텔 상업 B2-1 '우성 르보아 2차'

건물 개요	1~3F : 근린생활시설 상가 4~13F : 348세대 오피스텔 B1~B5F : 주차장 270대
상가 평당 분양가	1F : 최저 60,485,143 ~ 최고 77,765,926 2F : 최저 19,110,953 ~ 최고 29,252,287 3F : 최저 15,170,550 ~ 최고 21,670,603
상가 특징	신방화역 최초 입주 오피스텔 상가, 대로변 위치, 1~3층까지 공실 없이 입주 완료

우성 르보아 2차 오피스텔 상가는 신방화역 상권의 중심에 있고, 역 출구 앞에 위치한다. 배후로 348세대의 오피스텔이 입주하여 건물 내부 수요도 많은 상가이다. 주거지역에 있는 전형적인 건물로 주거에 맞는 업종으로 알맞게 공실 없이 임대도 완료한 상가이다.

③ 대로변 코너입지 상업 B1 'W 타워'

건물 개요	1~11F : 근린생활시설 상가 B1~B4F : 주차장 150대
상가 전용 평당 분양가	1F : 최저 66,461,769 ~ 최고 91,812,911 2F : 최저 26,822,909 ~ 최고 28,605,931 3F : 최저 17,941,151 ~ 최고 21,493,160 4F 이상 평균 : 18,353,622
상가 특징	신방화역 대로변 코너 상가, 9호선 신방화역 출구 앞, 주거 상권 전형 업종 입점

신방화역 주거상권 상가 중 가장 규모가 크고 대로 코너에 위치하고 있다. 학원가와 병원들이 입점하면서 주거 단지 전형의 플라자 상가를 보여준다. 또한, 상가 상층에는 오피스들이 입주하며 균형을 맞추었다.

④ 주거지역에 위치한 오피스텔 상가 상업 B3 '마곡 헤리움 1차'

건물 개요	1~3F : 근린생활시설 상가 4~13F : 341세대 오피스텔 B1~B5F : 주차장 270대
상가 전용 평당 분양가	1F : 최저 54,912,000 ~ 최고 74,855,921 2F : 최저 16,371,648 ~ 최고 25,351,454 3F : 최저 14,375,096 ~ 최고 18,364,305
상가 특징	신방화역 입주 오피스텔 상가, 주거단지 최인접 위치, 병원, 학원 등 입점

신방화역 상권의 상가 중 가장 분양가가 저렴한 상가이다. 물론 상대적으로 노출도가 떨어지는 단점이 있다. 하지만 가격 대비 효율적인 상가이면서 주거지역에는 가장 가깝다. 1층에는 슈퍼마켓, 카페, 분식점 등이 입주하였고, 상층에는 내부에 병원, 학원 등이 입주하며 임차 구성이 알차게 형성되었다.

03 마곡지구 상가 옥석 가리기

역별로 마곡지구 상가에 대해서 특징과 가격들에 대해서 알아보았다. 마곡지구 상가라고 해서 무조건 좋은 선택은 아닐 것이다. 현재 가장 상가 형성이 잘 되어 있는 곳을 가보더라도 어디에나 상대적으로 떨어지는 곳도 있고, 가격대비 합리적인 상가들도 있다. 현재 도시가 형성되기 전인 마곡에서 이를 구별하는 것도 쉽지는 않다. 하지만 상가에서 MD를 구성하고 임차를 생각해보면 어느 정도 옥석을 가릴 수 있다. 임차가 잘 들어올 수 있는 상가가 바로 좋은 상가가 아닐까 싶다. 필자가 마곡에서 프랜차이즈 점포 개발부서 담당자들에게 브리핑하면서 얻은 공실 없이 좋은 상가를 고르는 법을 제시해 보고자 한다.

(1) 마곡지구 건축물 보행자 가이드라인을 눈여겨보자

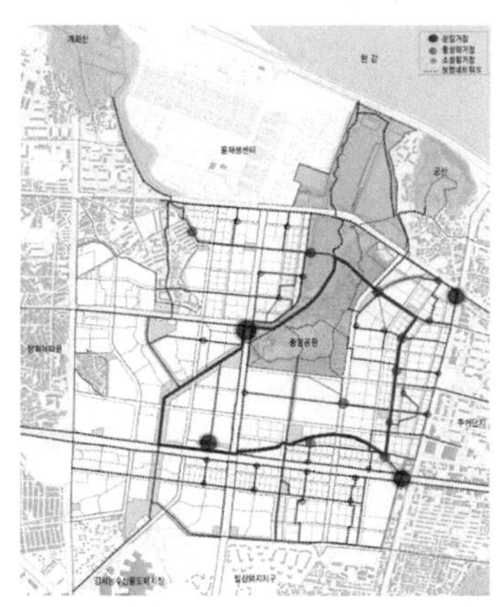

1	도시공간의 효율성 증대	가로유형별 조성기법	일반사항 가로경관 가이드라인
2	마곡만의 쾌적하고 정돈된 도시미관 고려	식재, 포장, 시설물, 야간경관	
3	경계의 재해석 "경계허물기"	전면공지, 공개공지	
1	보행친화길	접근과 이동이 편리한 생활가로	중점사항 보행환경 특화계획
2	보행가로 강화	저층부 건축물과 건축전면부 통합계획	

■ 마곡지구 내 보행 동선 계획도 및 가로 경관 가이드라인의 목표

마곡지구는 계획도시답게 도시의 미관 및 건축물의 규제사항이 엄격하다. 그리고 사전에 계획이 있었으므로 어느 정도 예측 가능한 부분도 있다. 물론 100% 정확하지는 않겠지만, 어느 정도 예측 가능한 부분은 A급 상가와 동선에서 빠지는 상가, 배후가 적은 상가/배후가 많은 상가 등이다.

앞 페이지의 지도에서 보면 빨간색 선으로 표시된 부분이 바로 사람들의 보행동선으로 계획된 곳들이다. 우선 상가는 유동인구가 가장 중요하다. 유동인구의 흐름은 상가의 매출을 결정하고, 매출로 상가의 가치를 결정한다. 따라서 마곡지구의 보행 가이드라인은 마곡지구 상가 투자자라면 반드시 숙지해야 할 내용이다.

그중에서도 앞 페이지 지도에서 보면 진한 빨간색의 상징 거점, 분홍색의 활성화 거점, 파란색의 소생활 거점을 볼 수 있다. 이 거점들은 교차 가로의 성격 및 기능, 이용 행태 및 빈도 등을 고려하여 가로 내 구심점 역할을 하는 주요 거점을 지정한 곳이다. 거점별 특징을 살펴보자.

① **상징 거점** : 차량, 대중교통, 녹지의 교차지점으로 광장과 연결녹지를 특화한다. 상징 거점은 총 4곳에 위치한다. 마곡나루역, 마곡역, 발산역, 양천향교역 4곳의 역 바로 앞 광장 위치를 보면 알 수 있다. 상징 거점은 역 바로 앞에 위치하면서 양천향교역을 제외하고는 나머지 세 곳은 모두 광장 형식으로 조성된다. 이런 광장 앞의 상가는 아무래도 시간이 갈수록 가치가 올라갈 것으로 생각할 수 있다.

■ 발산역 상징 거점 위치와 현재 공사 중인 상징 거점 광장 공사현장 모습

② **활성화 거점** : 마곡의 보행자 도로 중 공공부문(연결녹지, 보도)과 민간부문(보행 친화길, 공개 공지, 조경 권장 구간)의 통합적 공간 설계를 도입하여 거점지역을 조성한다. 도심권 소규모 커뮤니티 공간으로 연결 녹지와 수직적으로 교차하여 가로가 확장되는 공간을 조성하며, 이곳에도 가로에 면한 넓은 면적의 오픈 스페이스를 확보할 수 있는 거점이 된다.

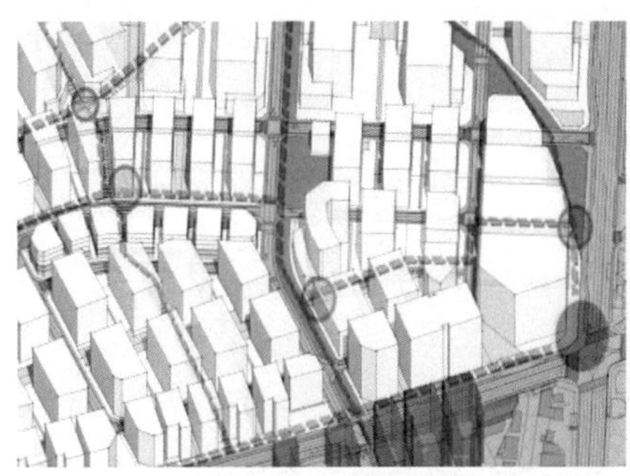

■ 9호선 양천향교역 활성화 거점 위치와 건물 공사현장

③ **소생활 거점** : 생활권 커뮤니티 공간으로 보행 친화 길과 수직적으로 만나는 가로의 연속 공간이며, 보행 친화길 진입 길목에 위치한다. 소생활 거점은 상징 거점이나 활성화 거점보다는 규모가 작지만, 실제 건물과 건물 사이의 아기자기한 광장으로 구성되며, 주로 가격 대비 가치가 높은 상가를 찾고자 할 때 잘 보면 좋은 상가들이 많은 곳이다.

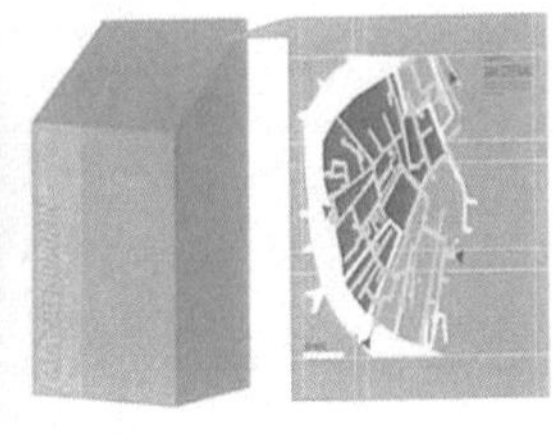

보행맵 제공　　보행맵 설치　　이야기가 있는 보행맵 제공 예시

■ 소생활 거점 조성 예시

(2) 장점이 많은 주차용지 상가들

마곡지구 뿐만 아니라 일반적으로 도시 중심의 상업지역에는 반드시 주차 공간이 부족한 현상이 발생한다. 이렇게 만들어질 때부터 계획도시가 많은 신도시에는 어디에나 상권의 중심에 주차용지를 배치하여 이를 해소하려 하고, 주차부지를 제공한다. 이 주차부지를 마곡에서도 지정하였고 지구단위계획을 보면 아래와 같이 건축이 가능하다.

주차장 (I1~ I9)	▸ 『주차장법』 제2조 규정에 의한 노외주차장(주차 전용 건축물 및 부속용도) ▸ 주차 전용 건축물의 경우, 해당 용도 지역에서 건축할 수 있는 건축물 중 다음의 용도와 복합적으로 건축할 수 있으며, 건축 연면적의 30% 이내의 범위에서 적용한다. - 제1종 근린생활시설(안마원, 변전소, 양수장, 정수장 제외) - 제2종 근린생활시설(장의사, 총포판매사, 단란주점, 안마시술소, 옥외골프 연습장 제외) - 문화 및 집회시설(마권 장외 발매소, 마권 전화 투표소, 경마장, 경륜장, 경정장, 동식물원 제외) - 종교시설 - 판매시설(상점에 한함. 단, 상점 중 〈게임산업진흥에 관한 법률〉에 의한 일반 게임 제공업의 시설 및 복합유통 게임 제공업의 시설 제외) - 운수시설, 운동시설(옥외 골프연습장은 제외), 업무시설 - 자동차 관련 시설(주차장에 한함)

옆의 표에서 보는 바와 같이 마곡의 주차용지는 기본적으로 전체 연면적의 70%는 주차장으로, 30%는 상가인 근린생활시설로 공급되고 있다. 이런 주차용지는 다른 신도시들에도 공급되었고 많은 성공 사례들이 있다. 주차용지 상가들의 성공에는 중요한 두 가지 요소가 있다.

우선, 첫 번째로, 상가의 입지가 도시계획상 앞으로 주차가 많이 부족하게 될 중심 상권의 요지에 위치한다. 이 점은 마곡도 마찬가지이다. 마곡역의 GMG 타워, 발산역의 발산 파크 플라자, 양천향교역의 보타닉 파크 플라자 모두 대로변 또는 사거리 코너, 대기업 입구 등 주차 수요가 많이 있을 지역에 있다.

두 번째로는 중심 상권의 상업용지의 경우에는 주차료를 내느냐의 문제가 아니라 그 건물에 주차가 가능한지 여부가 더 중요하다. 일단 주차용지의 주차 상가들은 기본적으로 주차 요금이 부과되더라도 주차 대수는 충분히 보유한 상가들이다. 그럼 이런 주차용지 상가들이 다른 지역에서 어떻게 형성되고 있는지 사례를 살펴보자.

① 다른 도시의 주차 용지 상가

■ 일산신도시 양우 이스턴시티

■ 판교신도시 호반메트로큐브

일산신도시의 양우 이스턴시티는 일산신도시의 중심 상권인 웨스턴돔 상권의 메인 사거리에 위치한 상가 건물이다. 이 건물은 2층부터 8층까지 주차장과 상가로 이뤄져 있다. 일산신도시 전체 상가 중 가장 평균 임대료가 높게 형성된 상가이면서 권리금도 가장 많이 받는다. 주차가 된다는 상가의 특징으로 식당가 및 커피숍들이 알맞게 구성되어 있다.

판교신도시의 호반메트로큐브 건물은 주차용지이면서 특이하게도 1층 상가와 2~5층 주차장, 6~10층 오피스텔로 이뤄진 구조이다. 이곳의 1층 상가는 판교역세권 상권의 입구에 위치하였고, 역시 인근에서 가장 높은 매매가로 상가의 매매가 이뤄진 상황이다.

② 마곡지구의 주차 용지 상가

마곡지구에도 역세권별로 주차용지를 지정해 두었다. 현재까지 마곡역 GMG 타워, 발산역 발산 파크 플라자, 마곡 공공기관 블록 동익 드미라벨, 양천향교역 보타닉 파크 플라자까지 분양이 완료되었고, 일부 건물은 완공되어 임차가 맞춰지고 있다.

마곡의 주차용지 상가들 역시 입지들이 대부분 좋은 곳에 위치한다. 그리고 마곡의 주차용지 상가 건물들은 다른 주차용지들과 달리 주차 면적을 전체적으로 지하로 넣고, 나머지 상가용지를 지상으로 배치한 상가들도 있다.

	GMG 타워(마곡역)	발산 파크 플라자(발산역)	동익 드미라벨(관공서)	보타닉 파크 플라자(양천향교)
주차 대수	416대	270대	620대	400대
상가 호실	1층 37실, 2층 16실, 3층 2실, 8층 1실	1층 23실, 2층 8실, 3층 7실, 4층 3실, 5층 2실	1층 64실, 2층 47실, 8층 57실	1층 23실, 2층 14실, 3층 14실, 4층 12실, 5층 12실
특징	LG 앞 최근접 상가 1층 상가 전용 평당 6,000만 원대 지상층 주차 구성 2016년 1월 입주 2, 3층 함바식당 입주 * LG 입주 후 위상이 완전히 달라질 상가	발산역 출구 앞 상가 1층 상가 전용 평당 9,000만 원대 지하 7층 주차 구성 1층 편의점, 2층 은행, 식당, 3층 병원 등 입주 * 현재 임차가 순조롭게 구성 중이며, 이화의료원 수혜	스타필드 최고 수혜 상가 강서세무서 구청 인접 1층 상가 전용 평당 5,700만 원대 지상층 주차 가능 2017년 1월 입주 예정 * 스타필드, 구청, 세무서 등 배후 수요 탄탄	양천향교역 100m 인접 지식산업센터 수혜 상가 1층 상가 전용 평당 7,000만 원대 배후 3만 직장인(이랜드 등) 지하 7층 주차 구성 2018년 6월 입주 예정 * 인근 전용 상가 부족, 양천향교 병원 가능 유일 상가

■ 마곡지구의 주차용지 상가들

마곡지구의 주차용지 상가 중 발산역의 발산 파크 플라자와 양천향교역의 보타닉 파크 플라자는 표에서 보는 바와 같이 주차장 시설을 모두 지하층에 배치하고 지상은 근린생활시설 상가로 건축설계 하였다. 사실 이렇게 되면 건물의 공사 비용이 많이 늘어난다. 반면, 주차 시설이 모두 지하로 들어감으로써 건물의 가치가 올라가는 장점이 있다. 이런 형태의 주차 건물은 향후 이런 설계대로 완공되고 상권이 형성되면 어떻게 반영될지 궁금하다.

(3) 기업체 연구용지 주변 지원시설 상가

마곡지구의 일반산업단지인 연구용지에는 기업체의 연구시설과 사무실이 입주하게 된다. 마곡의 연구용지 주변의 지원시설 상가 수익에 가장 영향을 많이 주는 요인은 바로 이런 연구용지에는 근린생활시설이 들어 올 수 없다는 것이다. 마곡 산업단지 관리 기본계획에 의해 근린생활시설 용도가 허용되지 않기 때문이다.

그래서 이런 산업단지 인근의 상가는 아무래도 안정성이 높을 수밖에 없다. 그런데 마곡지구의 기본 계획을 살펴보면 이런 연구용지 인근으로 산업단지를 지원하는 지원용지의 공급이 이뤄져 있고, 이곳에 근린생활시설을 배치함으로써 상호 보완 관계를 갖도록 도시 계획을 갖췄다.

특히 필자는 지원시설 중 양천향교역에서 발산역 사이의 DS 14~DS 17블록의 경우에는 직장 상권의 대표적인 곳이 될 것으로 높게 본다. 이 지역은 또한 아직 토지 입찰이 진행되지 않은 관계로 기업이 입주한 이후 들어오는 상가가 될 곳으로 초기 안정성 역시 높은 상가가 될 것으로 보인다.

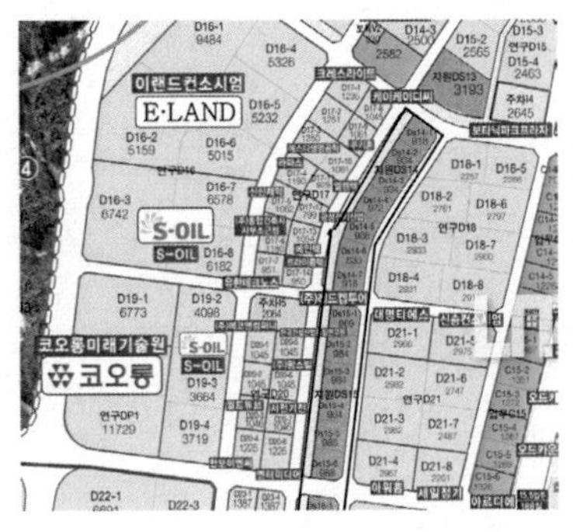

■ 지원 DS 14~17 블록 위치 : 하늘색 용지는 산업연구용지, 주황색 용지는 지원시설용지

필자가 이 지원시설용지를 주목하는 또 다른 이유는 이곳이 테라스형 저층 활성화 구역이라는 점이다. 이곳은 용적률 300% 이하의 5층 이하로 상가 건물의 건축이 가능하다. 그리고 전면 공지와 건축물의 내, 외부를 복합적으로 활용한 테라스형 상업시설의 구성을 시에서 적극적으로 권장하는 구간이기도 하다.

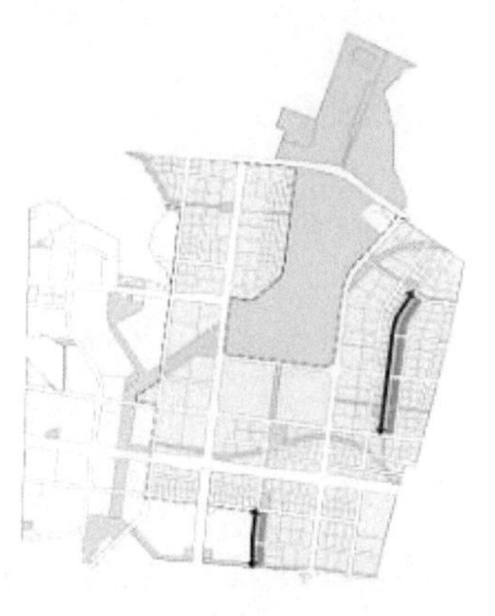

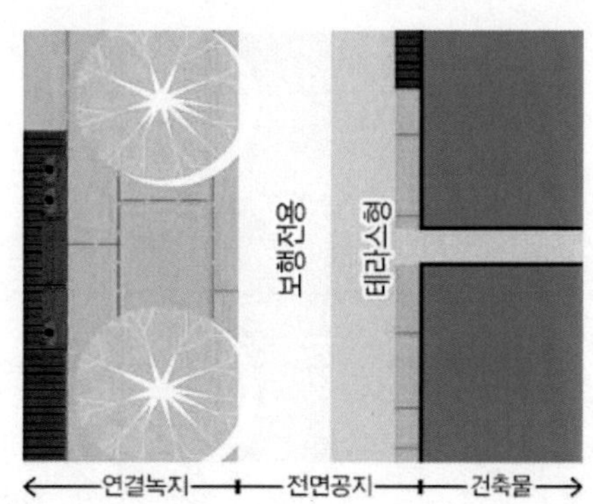

■ 테라스형 저층 활성화 구간

서울/경기권에 많은 테라스 상가들이 있지만, 합법적으로 상업 목적으로 쓸 수 있는 곳은 많지 않다. 마곡지구의 이곳은 모두 마곡지구의 보행자 가이드라인상 합법적으로 테라스를 통일되게 꾸밀 수 있게 함으로써 상가의 가치를 높게 해주었다. 약 10m 폭의 연결녹지와 보행자 도로를 함께 배치하고, 3m 정도의 테라스 공간을 함께 통일되게 배치하여 분위기 있는 레스토랑 및 카페 등이 입점하기에 좋은 시설을 확보하였다. 추후 마곡지구가 완성될 경우, 기업체를 배후로 둔 1자 형으로 쭉 뻗은 카페거리가 될 수 있을 것으로 보인다.

■ 테라스형 상업시설 형성 유형(공통적용사항)

전면공지의 구성	• 전면공지 내 보행이 가능한 최소한의 공간 확보 후 테라스형 구간으로 활용 보행 최소 공간 : 연결녹지변 1.5m 이상, 중앙공원변 2m 이상
테라스 구성 세부사항	• 테라스의 외부 보행공간의 경계는 난간으로 구분하지 않는 것을 우선 권장 • 난간으로 영역을 구분하는 경우 원색의 천막 형태, 가게 상호가 적힌 형태 등 지양 금속 재질에 무채색(짙은 회색) 페인트 마감처리 또는 목재 재질로 투시형으로 계획 인접 점포와의 경계는 1.2m 이내로 계획하여 시야가 확보될 수 있도록 함 • 테라스와 외부 보행공간 및 1층 진입부와는 단차가 생기지 않는 것을 우선 권장 데크 형태의 테라스 설치로 인해 외부 보행공간과 단차가 발생하는 경우 진입구간은 경사로로 조성하여 진입이 자유롭도록 계획

■ 연결녹지변 테라스 구성 예시 - 마곡지구 건축물 가로경관 가이드라인 참조

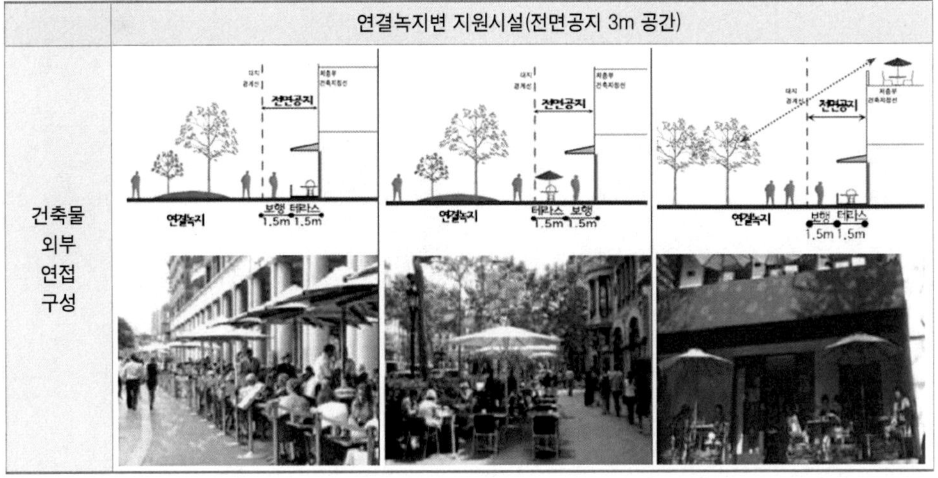

	연결녹지변 지원시설(전면공지 3m 공간)		
건축물 외부 연접 구성	전면공지 연결녹지 / 보행 테라스 / 1.5m 1.5m	전면공지 연결녹지 / 테라스 보행 / 1.5m 1.5m	전면공지 연결녹지 / 보행 테라스 / 1.5m 1.5m

(4) 임대에 어려움을 겪지 않는 상가 사례

어느 신도시나 비슷하지만, 대부분 초기의 경우는 상권 형성이 되기 전이므로 임대에 어려움을 겪는다. 마곡지구도 기업의 입주보다 상가들의 준공이 빠르게 이뤄진 상황이므로 어쩔 수 없이 이러한 시간의 차이로 초기 임대에 어려움을

겪고 있다.

특히, 입주가 빨랐던 양천향교역~발산역 사이의 오피스텔 상가들, 발산역의 일부 상가들이 어려움을 겪고 있고, 향후 기업 및 기반 시설보다 입주가 빠를 것으로 예상되는 마곡나루역의 상가들 역시 초기 리스크는 어쩔 수 없을 것으로 보인다.

다만 초기 입주한 상가들은 입지가 좋은 위치에 공급한 점, 토지 낙찰가가 낮아 분양가격이 낮았던 장점들이 있었던 만큼 어느 정도 인내의 기간이 지나면 가치가 높아질 것이다. 그런데 이렇게 어려운 상황에서도 임차가 맞춰지는 상가들이 있다.

초기 입주 상가라도 반드시 들어가야 하는 업종, 입지, 구조에 의해 임차가 맞춰질 수 있는 상가들이 따로 있다. 실제 임차가 맞춰진 상가 사례를 통해 마곡지구에서 어쩔 수 없는 초기 공실 위험이 낮은 상가들을 알아보자.

① 편의점 임차 가능한 상가

마곡지구에는 초기 입주한 건물 중 오피스텔들이 가장 많다. 오피스텔의 경우, 편의점 업체에서 가장 선호하는 건물이다. 편의점의 이용률이 가장 높은 세대는 20~30대 1인 가구이다. 특히, 혼술혼밥족이 늘어나는 현재의 시장 상황에서 갈수록 매출이 늘어나고 있는 곳 중 한 곳이 바로 오피스텔 1층의 편의점들이다.

통상 300세대 정도의 오피스텔에서 일 매출 150만 원 정도가 책정된다. 안정적으로 일 매출이 150만 원 정도 발생하게 되면, 편의점 점주의 경우, 월세 및 아르바이트 인건비 등 제반 비용을 제하더라도 한 점포에서 월 순수익 300만 원 이상은 안정적으로 받을 수 있다. 특히, 편의점의 경우, 다른 업종에 비해서 기술이나 노하우를 요구하지 않는다는 점에서 많은 자영업자들이 선호한다.

■ 오피스텔 1층 상가 코너 및 출입구 옆자리에 위치한 편의점들

다만, 편의점의 경우에는 상가의 위치가 정말 중요하다. 오피스텔 1층 상가의 경우에는 가장 우선이 오피스텔의 출입구 옆자리를 확보하는 것이다. 오피스텔 거주자들은 생활 편의를 중시하므로 내려와서 밖을 나가지 않고 편의점을 이용하고자 한다.

실제 사진에서 사례를 보더라도 편의점은 주로 코너 자리 또는 오피스텔 출입구 자리 앞에 있다. 이런 점을 감안해서 편의점 자리를 확보하고 임차를 맞춘다면 안정적인 수익과 매매가치 상승을 염두에 두고 투자할 수 있다.

② 가능하면 전면이 넓은 상가가 좋다

상가 임대 중개를 하다 보면, 상가 건물의 위치도 중요하지만, 상가의 모양도 중요하다는 것을 알 수 있다. 특히 전면의 폭은 임차에서 정말 중요하다. 특히 투자자의 입장에서 분할을 통한 수익 극대화도 가능하다. 그러나 최근 신도시에는 분양의 효율성으로 인해 전면이 넓은 상가가 많지 않다.

보통 3~4m 사이의 전면 폭 상가가 대부분이다. 하지만 3m 상가의 경우에는 약점이 많은 것도 사실이다. 따라서 정말 좋은 입지의 상가가 아니라면 상가 투자에 나설 경우, 전면 폭은 최소 4m 이상 되는 상가에 투자하는 것이 좋다.

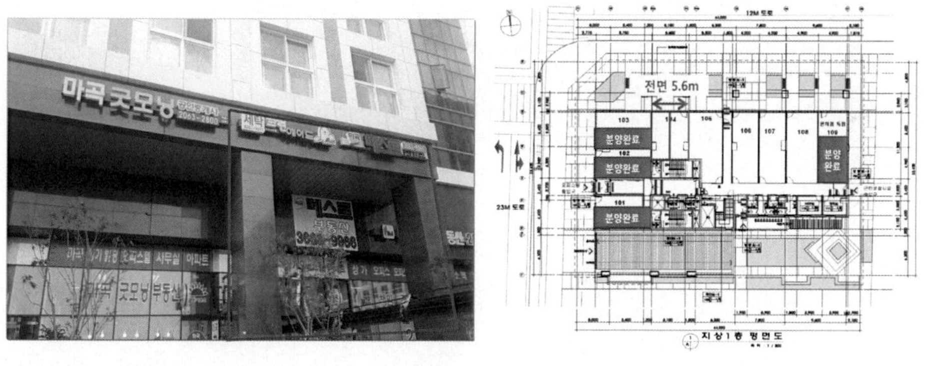

■ 전면 5.6m 상가를 2개로 나누어 세탁소와 중개 사무소로 임대한 경우

마곡지구 오피스텔 상가 중 하나인 위의 사례는 임대 단계부터 기획하고 투자를 도와드린 사례이다. 마곡지구의 1층 부동산 상가들의 평균 임대료는 월세 250만 원 정도 수준이다. 하지만 오피스텔 1층 상가의 부동산들이 이 정도의 월세를 감당하기는 쉽지 않다. 그리고 부동산 중개 사무소는 전용면적 5평 내

외에서 1~2명 정도 하는 경우가 많아 이에 맞게 구성하면 100만 원대 임대료도 가능할 것을 착안하였다.

그리고 전용 6~7평대 상가에서 할 수 있는 업종들이 의외로 많다. 세탁편의점, 수제 베이커리, 테이크 아웃 커피숍 등 다양하다. 여기에 맞는 업종 중 세탁편의점의 경우, 이 지역이 1인 가구가 많은 오피스텔 블록인 만큼 초기부터 영업이 어느 정도 될 것으로 판단하였으나, 세탁 편의점의 경우, 임대료가 150만 원을 넘어가게 되면 면적에 상관없이 수지타산이 맞지 않는 상황이었다.

실제 프랜차이즈 세탁편의점과 접촉하여 임차를 구성 후 본 상가 투자를 권하였다. 본 상가는 6억대로 원래 1개로 임차 시 기업이 입주하지 않고 기반 상권이 갖춰지지 않은 현 상황에서는 200만 원 초반 임대료도 어려운 상황이었지만, 2개로 분리하면서 투자자는 290만 원 정도의 임대료가 발생하게 되었다.

이처럼 분할이 가능하게 하려면 최소 5.5m의 폭 이상은 되어야 한다. 시간이 지난 후 이렇게 분할되어 있는 상가는 낮은 임대료로 인하여 더 활용의 폭이 넓어지고, 수익률도 1개로 가지고 있는 것보다 더 좋은 경우가 많다. 이런 점에서 전면이 넓은 상가라면 위치가 상대적으로 좋지 않더라도 투자 고려대상이 될 수 있다.

③ 상층부 상가의 간판과 노출도 문제

상가의 임차인들이 상가를 선정할 때 입지만큼 중요하게 여기는 부분이 바로 상가의 노출이다. 자신의 점포가 있음을 행인에게도 알려야 하고, 차량이 지나가면서 이곳에 뭐가 있는지를 알려야 하므로 간판의 문제는 임차인에게 중요하다. 상가 투자에 앞서서 간판에 대해서도 합법적인 규제가 있다.

■ 디자인 서울 옥외광고물 가이드라인

권역구분	간판 총 수량	가로형 간판	돌출 간판	점멸 방식	권역 분류 대상 지역
중점권역	1	3층 이하 (3층 건물가로 폭 1/2 이내)	5층 이하	불가	20m 이상 도로변, 뉴타운 재개발·재건축 지역, 디자인서울거리 등 예산 지원 시범사업 지역
일반권역	2	3층 이하 (3층 건물가로 폭 1/2 이내)	5층 이하	불가	20m 미만 도로변의 주거생활 보호를 우선으로 하는 지역
상업권역	2	3층 이하	5층 이하	심의 허용	20m 미만 도로변의 집단 상업지역
보전권역	1	2층 이하	5층 이하	불가	문화재 및 녹지의 경관보전이 최우선인 지역, 구청장이 보전이 필요하다고 인정하여 지정한 지역
특화권역	2	3층 이하	5층 이하	허용	관광 및 상권 활성화 등을 위한 특별지역과 구청장이 필요하다고 인정하여 지정한 지역

상기 가이드라인에서 보는 바와 같이 상가의 간판은 3층까지 부착이 가능하다. 그러면 3층 이상의 상가는 어떤 방식으로 노출하게 될지 궁금하다. 분명히 여러분들도 주변 상가들을 보면 병원 및 학원 등이 중심 상권의 경우, 4층 이상 분포된 경우가 많다. 이런 경우, 대부분의 상가들이 랩핑을 활용한다. 다음 페이지의 경우를 보자.

■ 상가의 랩핑으로 노출도 좋은 상가 vs 애매한 디자인으로 노출이 어려운 상가

상기 사진을 보면 좌측의 경우, 5층 이상에도 어떤 병원이 들어와 있는지, 어떤 학원이 들어와 있는지 지나가다 보면 한눈에 알 수 있다. 반면 우측 건물의 경우에는 똑같은 상가 건물임에도 3층 이상 상가들에 어떤 업종이 들어 왔는지 알 수 없다. 실제 우측 상가의 경우, 사무실 위주로 임차가 구성되고 있다.

좌측 상가에는 학원, 병원, 식당들도 상층부로 어느 정도 임차가 맞춰졌다. 하지만 우측 상가에는 간판을 걸 수 없는 3층 이상의 경우에는 식당과 같은 노출이 중요한 업종은 들어오지 못했다. 하지만 위치가 좋은 건물이다 보니 일부 병원이 임차해 들어오기는 했다.

반면 4층 이상 들어온 병원의 경우에는 랩핑을 하지 못하다 보니 3층 이하의 일부 공실된 곳에 간판을 걸고 있다. 그러나 만일 그 공실 중인 3층 상가에 임대가 들어올 경우, 어느 정도 다툼이 예상된다. 이처럼 상가 투자에 나설 경우, 사전에 도면과 조감도를 확인하여 노출도에 대한 대안을 미리 살펴볼 필요가 있다.

④ 10평 이하의 상가도 투자 가치가 있다

■ 6평 수제 빵집 임차 & 기업체 앞 6.5평 테이크 아웃 커피숍

상가 투자 상담을 하다 보면 많은 고객들이 '자금은 적은데 1층의 10평 이하로 뭘 할 수 있을까?'라고 고민하는 분들이 많다. 하지만 실제 임대 작업을 하다 보면 의외로 10평 이하의 상가에서 할 수 있는 업종들이 많았다. 그리고 면적당 임대료 역시 작은 상가들이 높은 경우가 많다.

마곡의 1층 상가들을 보면 현재 10억 이하의 분양가로 투자할 수 있는 매물이 많지 않다. 그리고 입지가 좋은 곳은 먼저 임대 계약이 진행되기도 한다. 앞서 분할 6.5평 상가 임대도 보았지만, 실제 최근 임대료 부담과 인건비 등으로 인해 1인 창업이 늘어나면서 임대료도 저렴하고 혼자서 창업할 수 있는 소형 평형에 대한 임대 의뢰가 많다.

또한, 투자자 입장에서도 유리한 측면이 있다. 우선, 1층 상가임에도 불구하고 대략 4~7억 사이에 분양가로 대출을 감안하면 3억 내외에서도 투자가 가능하고 환금성도 좋다. 그리고 임대 수익률 측면에서도 실제 6.5평 내외의 상가들이 월세가 평균 180~250만 원 사이에 형성된다.

이렇게 되면 평당 임대료가 대략 25~40만 원 사이에 형성되고 있다는 의미이다. 현재 마곡지구 전용 1평당 평균 임대료가 20~30만 원 내외임을 감안하면 수익성도 더 좋다는 의미이기도 하다. 때로는 작은 상가가 더 가치 있는 투자가 될 수 있다.

⑤ 마곡지구 상가투자! 초기 분양한 상가를 잡아라!

마곡지구 상가 투자의 2017년 1월 현재의 시장 상황을 보면 많은 관심을 받으면서 분양계약이 활발히 이뤄지고 있다. 반면, 분양이 끝난 후 분양권이 거래되는 시장이나 건물이 완공한 이후 상가의 매매 시장은 거래가 잘 안 된다. 어찌 보면 당연한 결과이기도 하다. 현재 완공이 다가오는 건물들의 경우, 기업체의 입주가 아직 이뤄지지 않은 상황이다.

그리고 상가들은 먼저 입주하다 보니 상권 형성 전에 임차가 어려운 상황이다. 심지어는 상가 건물만 들어서고 주변이 전부 공사장인 곳도 많다. 이런 상황에서 어떤 임차인도 먼저 위험을 감수하고 임차해 들어올 생각을 하지 않는다.

물론 좋은 자리를 선점하고 권리금 없이 들어온다는 점은 장점일 수 있지만, 아무리 선점이라도 임차인 입장에서 매출이 나오지 않는 상황이라면 선뜻 선점하려 하지 않는다. 이런 상황이다 보니 자연스럽게 공사 진행이 마무리되기 전까지는 임차가 어려울 수밖에 없다.

■ 발산역 기업체 앞 상가 & 양천향교역 기업체 입주 용지 앞 오피스텔 상가

따라서 마곡 상가는 상가 입주와 기업 입주 기간의 차이에 의한 시간 리스크가 가장 크다. 그런데 이런 리스크가 없을 것으로 보이는 상가들과 초기 이런 리스크를 감수하는 상가 사이의 가격의 차이가 너무 큰 점도 알아둬야 할 부분이다. 이를 한 번 사례로 비교해 보자.

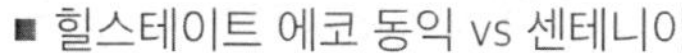

■ 힐스테이트 에코 동익 vs 센테니아

우선 두 곳의 상가를 비교해 보면 모두 공항대로 변에 위치해 있다. 그리고 입지 면에서는 지도를 보면 누구나 알 수 있지만, 위치는 마곡역 3번 출구 앞에 있고 배후에 LG로 가는 보행 동선상에 있는 힐스테이트 에코 동익이 나을 것이다. 그런데 같은 공항대로변 상가를 비교해 보면 다음과 같은 차이가 난다.

	① 힐스테이트 에코 동익 110호	② 센테니아 120호
가격	1,503,300,000(분양가+Premium)	1,308,000,000(분양가)
전용/분양 면적(평)	17.34평/38.38평	13.99평/29.06평
전용 평 단가/ 분양 평 단가	86,695,501/ 39,168,838	93,495,354/ 45,010,323
입주 시기	2017년 3월	2019년 상반기

최근 마곡역 주변으로 LG사이언스파크 입주를 눈앞에 둔 상황이다 보니 가격이 오르긴 했지만, 실제 일찍 분양했던 상가에 Premium을 얹어서 주고 매매하더라도 신규 분양 상가보다 더 좋은 조건에 투자할 수 있는 경우가 대부분이다.

이렇게 된 이유는 시장이 좋아서일 수도 있지만, 가장 중요한 것은 마곡지구의 건물들이 분양을 시작하면 계속 완판되다 보니 시행사 입장에서는 분양에 대한 리스크가 없다고 생각하고, 마곡지구의 토지 입찰이 나올 때마다 토지 낙찰가를 계속 높여 놓은 것이 원인이라 할 수 있다. 실제 아래 표에서 보면 알 수 있지만, 상기 두 상가의 토지 낙찰가를 비교해 보면 그 가격 차이를 쉽게 알 수 있다.

낙찰 일자	구역	건물명	토지면적(평)	낙찰가	평 단가
2013-06-14	B6	힐스테이트 에코 동익	1,885평	41,419,000,000	21,972,944
2016-05-30	C6-3	센테니아	809평	35,250,000,000	43,572,311

사실 토지 가격에서 보면 거의 두 배 이상의 차이가 난다. 그렇다고 토지의 활용도의 척도인 용적률의 차이가 있는 것도 아니다. 또한, 용도의 차이는 오히려 힐스테이트 자리가 상업용지로 용도 제한이 더 넓은 위치이며, 가격을 배제한 가치는 힐스테이트가 더 좋다고 볼 수 있다. 그럼 이런 차이가 발생한 이유

가 무엇일까?

상식적으로 가격은 가치에 수렴해야 한다. 하지만 마곡은 가치보다 더 중요한 것이 바로 시간이었다. 마곡지구 초기에 입찰했던 상업용지들이 모두 위치가 좋다. 하지만 초기에는 건축을 시행하는 회사들이 마곡 분양에 대해 안전하지 못하고, 위험성이 있다고 판단하여 토지 입찰 시 가격 입찰을 적게 했고 경쟁이 치열하지 않았다.

그러나 시간이 흐르고 마곡에 기업 입주들이 가시화되어 가고, 실제 계획대로 만들어지는 모습들을 보면서 마곡의 분양성이 좋아졌다. 따라서 토지의 낙찰가가 많이 올라간 상황이고, 이렇게 토지의 가격이 오르다 보니 분양가도 자연스럽게 올라갈 수밖에 없었다.

하지만 이런 상황임에도 불구하고, 사람들은 프리미엄과 입주 초기의 공실 위험으로 인하여 좋은 위치임에도 전매보다는 신규 분양을 찾는다. 그러다 보니 마곡지구의 초기 분양했던 상가들은 프리미엄이 높지 않게 형성되었다. 원래 상가 및 수익형 부동산들은 도시가 자리 잡고 제대로 임대료가 발생하면서 매매가가 오르게 되어 있다.

이런 상황을 종합적으로 판단하여 만일 마곡지구 상가에 관심이 있다면 신규 분양 상가보다는 현장을 돌아다니면서 전매로 나와 있는 상가들을 파악해 보고 투자에 나서는 것이 현명할 수 있다.

프리미엄
풀퍼니시드

Dazzling future value

■ 부동산, 마곡이 미래다!

제3장

소액 투자 가능한 마곡지구 오피스텔과 오피스 투자법

1. 1억 미만 투자자들이 선택하는 대안 오피스텔 투자의 모든 것
2. 마곡 오피스텔에 투자해야 하는 이유
3. 마곡에서 대량으로 새롭게 시도되는 섹션 오피스

01 1억 미만 투자자들이 선택하는 대안 오피스텔 투자의 모든 것

주거용 수익형 부동산은 단순히 주거로 쓰이는 부동산 가운데 월 임대소득을 목적으로 하는 부동산 중 투자 금액 대비 최소한 은행 이자 이상의 수익이 발생하는 부동산을 말한다. 대표적으로 사람들이 관심을 갖는 수익형 부동산은 오피스텔, 빌라, 도시형 생활주택, 다가구 주택, 소형 아파트 등이 있다.

이 중 아파트의 경우, 매매가 상승으로 인하여 매매가 대비 전세는 높지만, 월세 비중은 낮은 특징을 갖는다. 주거용 수익형 부동산의 큰 특징 중 하나는 상가처럼 소득이 발생하는 부동산이 아니다 보니 아무리 좋은 입지의 경우에도 은행이자 수익률 기준으로 4억 내외 아파트에서도 월세 100만 원 이상을 받는 곳이 많지 않다. 따라서 주거용 수익형 부동산은 흔히 1억 이하의 자금으로 임대 소득이 가능한 부동산들이다.

특히 이 중에서도 2009년 주택법 개정으로 주차장 관련 규정을 완화해주는 도시형 생활주택이 급증하면서 1인 가구 대상 원룸형 주택들이 크게 늘어났다. 이렇게 1인 가구 대상으로 하는 주택의 공급을 늘리게 된 이유는 우리나라 인구 구조의 급격한 변화를 이유로 들 수 있다. 수익형 부동산으로의 전환이 되는 이유에 대해서도 언급했지만, 가구 구조의 변화로 1~2인 가구의 급증이 바로 그 원인이다.

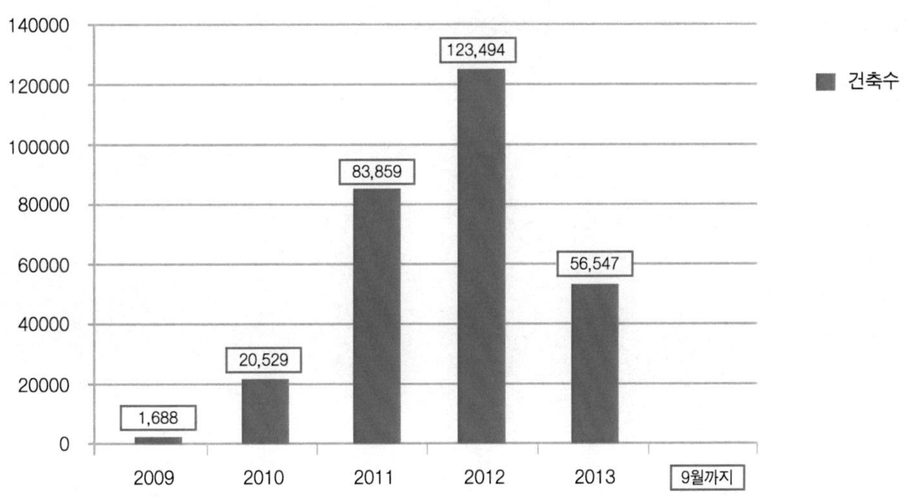

■ 2009년 주택법 개정 이후 도시형 생활주택 공급 추이

그러나 이런 도시형 생활주택의 공급이 2012년 주차장법 등 건축기준의 완화가 의정부 도시형 생활 주택 화재 사고와 기타 도심 내 주차 시설의 부족 등으로 사회적 문제가 되면서 2012년 이후 규제가 다시 강화되고 지자체들의 인허가가 까다로워지면서 공급 물량이 줄었다. 물론 3년 기간 만에 28만 가구가 공급된 만큼 단기간 공급이 많았다.

단순 수치로만 보면 1986년부터 공급이 시작된 오피스텔이 2010년까지 24년에 걸쳐 23만 가구가 공급된 것과 비교해 봐도 그 공급량이 너무 많은 것도 사실이었다. 이렇다 보니 1인 가구를 대상으로 한 소형 가구들에 대한 공실 리스크도 커졌다. 실제 지역에 따라 다르지만, 일부 임대 수익률이 하락하고 공실의 상황이 빚어진 곳도 있었다.

이런 상황이 되니 다시 도심의 오피스텔이 1, 2인 가구 대상의 주택으로 주목을 받고 있다. 특히 마곡지구에서는 정확하게 용도 지역을 나누고, 상업지역과 일부 업무 지역에 오피스텔 건축이 가능하도록 도시계획을 정하고 실제 공급되었다. 그런데 오피스텔이란 정확하게 어떤 건축물을 의미하는가?

오피스텔 공급량

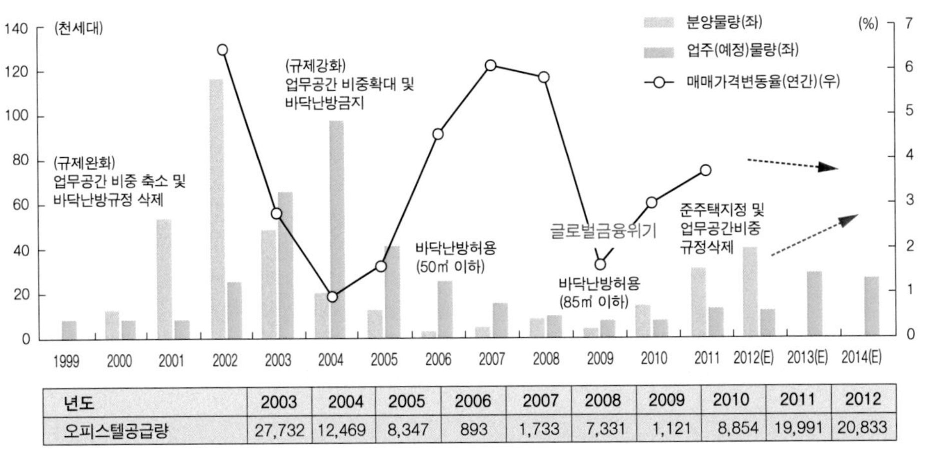

년도	2003	2004	2005	2006	2007	2008	2009	2010	2011	2012
오피스텔공급량	27,732	12,469	8,347	893	1,733	7,331	1,121	8,854	19,991	20,833

오피스텔[3]은 원래 사무실을 기본으로 주거를 함께 할 수 있는 건축물을 의미

3) 오피스텔 : 오피스(office)와 호텔(hotel)의 합성어로 낮에는 업무를 주로 하되 저녁에는 개별 실에 일부 숙식할 수 있는 공간을 만들어 호텔 분위기가 나도록 설계한 형태의 건축물을 말한다. 오피스텔은 주 용도가 업무시설이며, 업무공간이 50% 이상이고, 주거공간이 50% 미만인 건축물을 말한다. 건축법에서는 이를 업무 시설로 분류하고 있다. 오피스텔은 세금 측면에서 보면 상업용 오피스로 활용하고 있는지, 주거용 오피스텔로 활용하고 있는지에 따라 세금 부과가 다르다. 주거용 오피스텔로 해당되면 기존 주택을 보유하고 있을 경우 추가 주택이 되어 다주택자가 될 수 있으므로 세금 측면에서 주의를 요한다. 이때, 주거용 오피스텔 여부는 공부상 용도 구분 또는 사업자 등록 여부에 관계 없이 주민등록 전입 여부와 그해 오피스텔의 내부 구조, 형태, 취사시설 등 거주 시설의 구비 여부 및 사실상 사용하는 용도 등을 종합적으로 검토하여 판단한다.

한다. 물론 최근에는 아예 주거용으로 공급되어 1인 가구의 거주 목적으로 더 많이 쓰이고 있기도 하다. 과거 원래의 목적은 이용자가 출퇴근 필요 없이 하루의 일과나 생활이 한 빌딩 내에서 이루어지는 편리성 때문에 변호사·회계사·세무사·교수·화가 등이 이용률이 높았고, 수출입 상사를 비롯한 중소기업체들도 분양받거나 임차하곤 하였다.

국내에서는 1985년 ㈜고려개발이 서울 마포구에 오피스텔로 지은 성지 빌딩을 분양한 것이 효시로, 이후 수요가 급격히 늘어 일반 건축업자는 물론 주택공사도 오피스텔 건설에 나서고 있다. 현행법상으로 오피스텔은 주거용으로 전입신고의 여부에 따라서 주택으로 평가받을 수도 있다. 반면, 사업자 등록을 하고 오피스로 활용하는 경우에는 기존 1주택자가 1세대 2주택 원칙의 적용을 받지 않아 기존 주택을 팔 때, 1주택 비과세를 받을 수도 있다.

오피스텔은 상기 내용처럼 업무 지역 또는 상업 지역에 업무용이면서 주거용으로 공급된다. 이런 업무/상업용지는 기본적으로 도심 중심에 위치하며, 대부분 역세권에 위치한다. 이런 장점으로 1~2인 가구들에게 많은 인기를 누리고, 또한 공급도 크게 늘어나게 되었다. 게다가 앞의 표에서 보듯이 법적인 규제도 완화되면서, 이제는 아예 업무용이 아닌 주거용을 기준으로 공급되는 것이 80% 이상이다.

그러나 이렇게 1~2인 가구를 대상으로 임대 사업을 영위하는 주택이 많이 늘어난 만큼 공실 없이 안정적인 임대 수익이 가능한 주택을 선택하여 투자하는 것이 중요하게 되었다. 필자는 오피스텔 및 주거용 부동산 선택 시 아래와 같은 체크 리스트를 활용해 본다. 여기의 6가지 항목 중 하나라도 벗어난다면 선택하지 않고 모두를 충족한다면 투자를 고려해보는데, 지금까지 투자 시 이 기준을 충족했을 때 실패한 사례는 없었다.

주거용 수익형 부동산 CHECK LIST	O	X
1. 서울/경기 수도권 지하철역 반경 500m 이내 여부	V	
2. 건물의 관리 및 방범을 고려한 100세대 이상 구성 건물 여부	V	
3. 주변 대학가, 직장 등 1인 가구 배후 수요 적절성 여부	V	
4. 투자금액 대비 임대료 조사 결과, 은행이자+3% 이상 가능 여부	V	
5. 건물의 질을 고려한 2010년 이후 건축 건물 여부(방음/단열)	V	
6. 주변 기피 시설이 없어야 한다(유흥가/모텔 밀집지역 등).	V	

상기 조건은 필자가 주거용 수익형 부동산 선택 시 기준들이다. 하나씩 살펴보면 너무나 당연한 체크 리스트지만 많은 분들이 간과하고 가격만으로 수익형 부동산을 선택하곤 하는 것을 보면서 하나의 기준으로 판단해 보면 좋을 듯하여 정리해 둔다.

(1) 서울/경기 수도권 지하철역 반경 500m 이내 여부

이 부분은 너무나 당연한 얘기다. 아무리 1인 가구 주택 공급이 늘어나서 공실이 늘어난다고 하더라도 필자의 경험상 지하철역 반경 500m 이내에 있는 주택은 공실이 발생하지 않는다. 500m의 기준은 도보로 이동 가능한지 여부다. 물론 주관적으로 1km도 가능하다고 하면 할 말은 없지만, 필자의 경험상 500m 이내는 대부분 도보로 지하철을 이용하지만, 500m가 넘어가면 누구나 마을버스 등의 환승 대중교통을 이용한다. 따라서 500m 이내라는 기준을 설정하였고, 실제 이런 수익형 부동산의 경우, 공실이 거의 없었다.

(2) 건물 관리 및 방범을 고려한 100세대 이상 구성 건물 여부

1인 가구 세입자 중 60% 이상은 미혼 여성인 경우가 많다. 이런 세입자들의 주거 시설 선택 시 첫 번째 고려 요소가 바로 건물의 보안 및 안전성이다. 이때, 아래와 같은 주택 유형이 있고 여러분이 임차인이라면 어디를 선택할 것인가?

■ 마포구 20실 도시형 생활주택 vs. 마곡 560세대 오피스텔

물론 입지가 다르다. 하지만 20세대의 다세대 주택과 560세대의 오피스텔 중 미혼 여성 직장인이라면 당연히 560세대의 오피스텔을 선택할 것이다. 일단 20세대의 다세대 주택은 경비원을 고용하는 것도 불가능하다. 예를 들어 한 사람의 건물관리인을 둘 경우, 기본적으로 월 관리비만 최소 10만 원 가까이 나오게 된다. 하지만 100세대 이상의 경우, 이런 비용의 분담액이 1/5로 줄게 된다. 또한, 세대수가 커질수록 건물관리 항목이 늘어나고 공동 작업으로 다양

한 관리가 가능해진다.

따라서 보안상으로도 유리해지고, 주차 및 기타 집합건물의 관리를 통해 건물의 노후화도 심하지 않다. 하지만 여러분들이 한번 10년이 지난 오피스텔과 빌라형 주택들을 비교해 보면 될 것이다. 아마도 노후도가 차이가 크다는 것을 쉽게 찾을 수 있다. 건물은 입지도 중요하지만, 사후관리도 중요하다는 것을 증명한다. 임차인 역시 아무래도 주차 및 기타 관리 시설을 갖추고 있는 건물을 선호한다. 따라서 100세대 이상의 건물에 투자는 필수라고 생각한다.

(3) 주변 대학가/직장인 등 1~2인 가구 수요가 풍부한 지역

신촌의 대학가, 마포 공덕동 일대의 직장인 거리, 강남, 여의도, 분당 정자동, 관악구 신림동, 봉천동 일대 등 지금 나열한 곳들은 우리가 흔히 아는 직장인 거리 및 대학가 인근의 주거용 수익형 부동산 공급이 많았던 지역이다. 아무래도 이런 지역은 수요가 풍부하여 공실이 없다. 배후 수요의 적절성은 지역 분석을 통해 반드시 검토가 필요하다. 사실 이런 부분은 현장의 답사를 통해 쉽게 알 수 있는 내용이기도 하다.

(4) 투자 금액 대비 임대료 조사 결과, 은행이자 + 3% 이상의 수익률

일반적으로 부동산 중개사무소에서 수익형 부동산 물건을 추천받으면 수익률을 5%, 6% 등 다양하게 안내를 받는다. 그러나 필자가 돌아다니면서 실제 임대료를 적용하여, 구성해보면 3~5% 사이였다. 어떤 차이가 이런 수익률 차이를 만들어 낼까? 물론 임대료를 지나치게 높게 평가했다고 할 수도 있다.

하지만 중개사무소에서 공통적으로 그렇게 무리하게 임대료를 산정하지는 않았다. 반면 수익률을 꼼꼼하게 정산하지 않았다. 예를 들어보자. 아래의 표는 실제 마곡의 오피스텔 실제 투자자의 임대 수익을 계산해 본 표이다. 아래의 표를 보면서 한 번 수익률 분석을 해보자.

■ 마곡지구 현재 오피스텔 실제 투자 사례

임대수익 구성요소	금액(대출 70%)	금액(대출 없음)	비고
1) 매매가(분양가)	152,000,000	152,000,000	마곡 오피스텔 분양가 사례
2) 임대 보증금	(10,000,000)	(10,000,000)	임대료 1,000/55만 원
3) 금융 대출	(100,000,000)	-	분양가 70% 대출 가능
4) 취득세	1,048,800	1,048,800	주택 임대 사업자 등록 시 취득세의 85% 감면(오피스텔 4.6%)
5) 실제 투자비용	**43,048,800**	**143,048,800**	**실제 투자금액(1)-2)-3)+4))**
6) 연 임대료 수입	6,600,000	6,600,000	월 임대료×12개월
7) 연 금융 비용	(3,300,000)	-	3.3% 대출 금리 적용
8) 연 수입 총액	3,300,000	6,600,000	실질 수입(6)-7))
9) 세전 수익률	**연 7.67%**	**연 4.61%**	**8)/5) 연 임대 수익률**

수익률 표에는 기본적으로 투자 시 들어가는 총비용인 세금도 염두에 두어야 한다. 그리고 대출을 활용한 투자의 경우에는 정확한 금리와 대출 한도를 면밀히 살펴야 한다. 실제, 신도시의 오피스텔들의 경우, 입주가 다가올 때 자신의

대출 한도 등을 감안하지 않고 투자하여 대출 실행이 안 되어 어쩔 수 없이 손해를 감수하는 상황이 발생하기도 한다. 따라서 사전에 은행 등을 통해서 자신의 신용 등급과 소득 수준을 감안해 투자에 나서야 한다.

또한, 필자가 은행이자 + 3% 정도 수준을 적정 수익률로 파악하는 이유가 있다. 일반적으로 오피스텔 및 1인 가구 대상으로 하는 부동산들은 적어도 1년에 한 번 정도 세입자가 바뀐다는 생각을 해야 한다. 이럴 때마다 들어가는 중개수수료, 세입자가 바뀔 때마다 발생하는 어쩔 수 없는 공실 기간, 부동산을 보유하면서 발생하는 세금 등의 비용 역시 생각해 봐야 한다.

이런 점을 감안할 때, 필자가 생각할 때 오피스텔의 적정 수익률은 은행 예·적금 이자+3% 정도로 본다. 그리고 시장에서도 매매가격을 보면 거의 이 수익률에 맞춰지기도 한다. 물론 시간이 지나면서 개발 호재 및 인플레이션 등으로 월세가 올라갈 요소가 있는지를 볼 수 있다면 더 좋을 것이다(상기 오피스텔의 경우, 금리 1.5% 감안 시 대출 없이 3% 이상이 된다).

(5) 건물의 질을 고려한 2010년 이후 건축된 오피스텔

이번 기준은 오피스텔의 선택 시 봐야 하는 기준 중 하나이다. 오피스텔은 원래 건축물의 감리 기준이 오피스 기준이었다. 따라서 주거보다는 업무시설을 기준으로 건축되다 보니 다음 페이지의 사진처럼 이중창이 아닌 업무시설의 창으로 지어졌다. 이렇게 지으면서 건물의 단열과 방음 및 환기 등이 주거 환경상 늘 지적되곤 했다.

■ 2010년 이전 건축 오피스텔의 창, 2016년 입주 마곡지구 입주 오피스텔 이중창

■ 마곡지구 오피스텔의 120mm 단열재

하지만 2010년 이후에 건축된 주거용 오피스텔의 경우에는 이제 아파트와 같은 공동주택의 기준이 적용된다. 특히, 마곡지구의 경우에는 좀 더 엄격하게 에너지 효율 1등급 건물이 기본으로 건축 허가가 적용되다 보니, 기본적으로 아파트보다 더 단열이나 방음에 완벽하게 적용된 건물이 되었다.

위 사진은 신도시에 대단위로 분양이 진행되었던 마곡지구 오피스텔의 단열재와 창 모습이다. 마곡지구의 모든 오피스텔들은 상기 사진처럼 이중창이 적용되었고, 120mm의 단열재들이 기본적으로 들어간다. 이런 건축물의 질이 미래 가치적인 측면이나 임차 선호도에서 시간이 지날수록 오래 된 오피스텔과 큰 차이를 나타낼 것이다.

⑹ 주변 기피시설이 없어야 한다(유흥가/모텔 밀집지역 등)

주변 기피시설은 누구나 집을 고를 때 적용되는 문제이기도 하다. 물론 유흥가라던지 모텔 밀집지역이 주로 도심 중심 지역에 위치한 만큼 공실에는 큰 영향은 없을 것이다. 다만, 매매에서는 그 차이가 크다. 즉 이 부분은 공실에 대한 부분보다는 환금성의 영향이 크다.

아무래도 임차인이 임대인들이 선호하는 1인 가구 미혼 대기업 직장인이나 교사 등 안정적인 직업군 여성 등의 임차인들이 기피하는 시설이므로 들어오지 않는 점, 그리고 매각 시에도 사람들의 선호도가 낮은 점 등을 감안하면 투자에서 환금성도 중요한 만큼 주거용 수익형 부동산 투자 시 하나의 판단 기준이 될 수 있다.

02 마곡 오피스텔에 투자해야 하는 이유

(1) 마곡에는 오피스텔의 공급이 수요에 비해 적다

2014년 입주를 시작했던 마곡지구에서 가장 먼저 입주가 시작된 수익형 부동산은 오피스텔이다. 2013년부터 분양을 시작해서 2년 만에 모든 오피스텔들이 공급을 마무리하고, 2015년부터 입주를 시작했다. 마곡지구에는 총 13,479실의 오피스텔이 공급된다. 초기에 많은 공급과잉에 대한 우려도 있었고, 마이너스 프리미엄 시장이 형성되기도 했다.

■ 입주 초기 공실 우려로 언론에서 많이 기사화 되었던 마곡지구의 오피스텔

그럼 마곡의 오피스텔이 정말 공급 과잉인지 한 번 상대적으로 살펴볼 필요가 있다. 필자는 상기 뉴스를 보면서 제대로 분석을 해 본 것인지 살펴보았다. 공급 과잉은 틀린 말은 아니다.

■ 일산 신도시 주요 오피스텔 블록 - 장항동·백석동 일대 오피스텔 수

장항동 오피스텔

오피스텔 명	세대 수	오피스텔 명	세대 수	오피스텔 명	세대 수
대우메종리브르	271	양우드라마시티	486	중앙하이츠 빌	588
동양메이저타워	468	양우로데오시티	663	청원레이크 빌1	499
라이저	276	양우로데오시티플러스	677	청원레이크 빌2	446
로스텔	60	우림로데오스위트	585	SK M시티	646
삼라마이더스빌	288	우림보보카운티1	522	코오롱 레이크1	398
삼라마이더스3	50	우림보보카운티2	203	코오롱 레이크2	566
삼성라끄빌	551	우인아크리움빌1	546	코오롱 레이크3	681
삼성메르헨	390	우인아크리움빌2	741	하임빌로데오	72
삼성스위트	124	마이다스	232	한라밀라트	500
신성하이네스트	411	일산쌍용플래티넘	420	한솔프레미낭	517
현대에뜨레보	317	현대타운빌	476	호스그린	272
합계	3,206	**합계**	5,551	**합계**	5,185

백석동 오피스텔

오피스텔 명	세대 수	오피스텔 명	세대 수	오피스텔 명	세대 수
넥스빌	49	대방샤인밸리	297	디아뜨크리스탈	330
레이크하임	216	밀레니엄리젠시	308	백석대우이안	153
동문굿모닝1	688	동문굿모닝	1,542	백석우림보보	396
백석위브센티움	378	비잔티움일산	460	성우아트리움	135
영림브레아	252	윈스턴파크1	126	윈스턴파크2	153
루벤스카운티	522	브라운스톤	1,069	현대밀라트 A	272
현대밀라트 B	224	현대밀라트 C	266	효성레제스	673
현대밀라트 2차	351				
합계	2,680	**합계**	4,068	**합계**	2,112

왜냐하면, 마곡을 제외한 강서구 전체의 오피스텔 수보다 마곡지구의 오피스텔 공급이 더 많았다. 또한, 기업의 입주가 이뤄지지 않은 상태에서 마곡 오피스텔이 먼저 들어서다 보니 초기 임대료가 낮았던 것도 사실이다. 그럼 과연 마곡의 오피스텔이 공급 과잉인지 다른 지역과 한 번 비교해보자.

앞의 표는 일산신도시의 주요 오피스텔 블록인 장항동과 백석동 일대의 오피스텔들을 전수 조사한 내용이다. 일산신도시는 총 22,802세대의 오피스텔이 공급되어 있다. 반면 일산신도시 내 직장인 수는 30,000명 정도로 직장인 수로 대비하면, 마곡지구의 경우에는 16만의 직장인 도시에 13,479실이 공급되는 만큼 공급량이 적다고 볼 수 있다.

게다가 교통 여건을 보면 일산 신도시는 외부 수요를 끌어들일 요소가 적지만, 마곡지구의 경우, 지하철 노선의 발달로 여의도 및 공항 직장인 등 외부 수요가 추가될 경우, 필자는 마곡의 오피스텔 공급이 적다고 판단한다.

이런 결과로, 2015년 1월 발산역의 우성르보아 1차부터 입주를 시작해서 2016년 12월까지 2년에 걸쳐서 10,051세대가 입주했고 아직 기업들이 입주하지 않은 상태의 공사장 상황임에도 불구하고, 마곡의 오피스텔들은 공실 없이 입주가 2개월 정도 내에 이뤄지고 있다.

이렇게 입주가 맞춰지고 있는 가장 큰 이유는 기본적으로 마곡지구는 모든 오피스텔들이 지하철 도보 5분 이내 반경 500m 이내에 위치해 있다. 게다가 황

금노선인 9호선과 5호선의 역할이 크다. 그리고 2017년 10월 이후에는 공항철도 환승역까지 서게 되는 점을 감안하면 더 교통 여건이 개선된다.

실제 마곡지구의 개발 지도에서 마곡의 오피스텔 블록의 위치를 보면 알 수 있지만, 마곡의 모든 오피스텔들이 실제로 9호선, 5호선, 공항철도 6개 역(5호선 마곡역/발산역, 9호선 양천향교역/마곡나루역/신방화역, 공항철도 마곡역)의 도보 5분 이내에 해당하는 역세권임을 알 수 있다. 또한, 모든 오피스텔들이 대지면적 300평 이상의 건물에 150실 이상의 규모로 지어졌다.

그리고 앞서 건물의 질에서 다뤘듯이 마곡의 모든 오피스텔들은 감리기준이 엄격하게 적용되어 부실 건축물이 없다는 점도 큰 장점 중의 하나이고, 신도시답게 모든 세대들이 열병합 발전에 의한 중앙냉난방 방식을 택해 오피스텔 내부에 보일러실 만큼의 공간을 추가 확보함으로써 공간효율도 뛰어나다.

따라서 현재 마곡에는 기업이 입주하지 않았음에도, 지하철 출퇴근이 가능한 여의도의 직장인들, 기타 광화문/마포 지역의 직장인들까지 외부 수요만으로도 입주가 다 맞춰지고 있다. 그리고 2017년부터 본격적으로 기업들이 입주하게 되면 더욱 오피스텔의 수요는 늘어날 전망이다.

■ 마곡지구 역별 오피스텔 현황

지하철역	오피스텔	세대 수	입주시기	원룸형 면적	7층 분양가	평당 분양가
양천향교역	대방디엠시티 1차	1,281	2016년 12월	7.26	153,100,000	21,088,154
	대방디엠시티 2차	714	2019년 1월	6.98	183,000,000	26,217,765
	엠코지니어스타	559	2015년 9월	7.21	156,600,000	21,719,834
	경동미르웰 1차	279	2015년 5월	5.43	123,000,000	22,651,934
	스카이	168	2016년 3월	5.3	116,900,000	22,056,604
	경동미르웰 2차	244	2015년 12월	5.89	126,000,000	21,392,190
	대명21	180	2015년 5월	5.44	120,000,000	22,058,824
	벨리오	173	2015년 5월	6.22	142,982,520	22,987,543
	오드카운티 1차	266	2016년 11월	5.51	132,500,000	24,047,187
	오드카운티 2차	297	2017년 4월	5.7	136,000,000	23,859,649
	아르디에	188	2015년 5월	5.62	123,338,000	21,946,263
발산역	유림트윈파크	279	2015년 11월	6.05	126,900,000	20,985,794
	갤럭시	137	2015년 12월	5.89	125,610,000	21,316,301
	대명에비앙	150	2015년 8월	5.74	125,000,000	21,783,079
	엘리안	133	2015년 3월	6.72	145,350,000	21,629,464
	우성르보아 1차	133	2015년 1월	5.86	145,960,000	24,923,273
	플레이스H	180	2015년 6월	5.56	125,000,000	22,482,318
	아이파크	468	2017년 2월	7.26	163,000,000	22,451,892
	필네이쳐	234	2016년 7월	6.7	155,440,000	23,200,000
	사이언스파크뷰	218	2016년 9월	6.68	142,000,000	21,257,485
	힐스테이트에코마곡	496	2016년 4월	6.79	144,394,000	21,265,685
마곡역	센트럴푸르지오시티	510	2016년 6월	6.96	153,184,000	22,017,203
	힐스테이트에코동익	899	2017년 3월	7.43	166,000,000	22,334,668
	힐스테이트에코 마곡역	430	2017년 11월	6.64	162,000,000	24,391,492
마곡나루역	보타닉푸르지오시티	1,390	2017년 3월	6.72	153,000,000	22,783,216
	롯데캐슬파크	648	2017년 1월	6.96	158,000,000	22,709,409
	힐스테이트에코마곡나루	440	2017년 2월	6.30	142,500,000	22,602,269
	일성트루엘	596	2016년 7월	6.48	127,200,000	19,629,630
	럭스나인	532	2016년 12월	6.62	139,920,000	21,149,864
	마곡시티	294	2016년 8월	6.81	136,899,000	20,104,874
	헤리움 2차	276	2016년 6월	6.81	138,500,000	20,339,996
신방화역	헤리움 1차	341	2015년 8월	7.28	141,000,000	19,365,093
	우성르보아 2차	346	2015년 5월	6.12	138,000,000	22,539,545
합계		13,479	마곡지구 전체 분양 오피스텔 세대 수			

* 빨간색 글씨는 2017년 3월 이후 입주 오피스텔

■ 마곡의 오피스텔 위치 & 양천향교역~발산역 블록의 오피스텔 현재 모습

(2) 마곡의 오피스텔은 상대적으로 분양가격이 낮았다

마곡지구 오피스텔 초기 분양 시 필자가 관심을 가진 부분 중 하나가 바로 가격이었다. 사실 강서구 구 도심의 공항 주변은 생활 여건이 좋지 않고 오피스텔들이 대부분 10년 이상 되다 보니 임대료가 낮게 형성되었다. 이와 비교해 마곡지구 오피스텔들이 당시 임대수익률이 3~4% 정도 밖에 되지 않아 고분양가 논란이 있기도 했다.

하지만 신도시라는 점, 기업의 입주와 서울식물원이라는 매머드급 공원이 들어오게 되면 새롭게 주거 환경이 바뀐다는 점, 9호선/5호선/공항철도역까지 환승하게 되면 교통 여건이 크게 바뀐다는 점, 건축 감리 기준의 강화로 모든 건물들의 시설이 여태껏 공급된 어떤 오피스텔보다 선진화되어 있다는 점을 감안하면 못해도 영등포 당산동 일대의 오피스텔보다는 임대료가 높을 것으로 판단하였다.

이렇게 비교해 보면 마곡의 오피스텔은 대출을 감안하지 않아도 임대수익률이 6%를 넘어서게 된다. 물론 모든 신도시나 주거용 아파트의 경우에도 입주가 한 번에 몰리는 입주 시기에는 수익률이 높을 수는 없다. 현재의 마곡지구가 그런 모습이다. 불과 2015년 1월~2017년 1월까지 2년 만에 거의 10,000실이 넘게 한꺼번에 입주가 이뤄진 상황이고, 현재 기반시설이 전혀 없는 상황에서 오피스텔만 먼저 입주하다 보니 초반에는 대략 4.5%대에 임대가 이뤄졌다. 하지만 2017년부터 시작되는 LG 및 코오롱 등의 대기업과 양천향교역 일대 중소기업들의 입주, 공항철도 마곡역의 2017년 10월 개통, 2017년 10월 부분

개장하는 서울식물원까지 다양한 호재들이 이어진다. 그리고 마곡의 미입주 오피스텔은 이제 3,000세대에 불과하지만, 이 세대들 역시 2017년 10월이면 마지막 입주인 대방디엠시티 2차 714세대를 제외하고는 모두 입주를 마치게 된다.

지금도 임대 수익률을 비교해보면 서울의 평균 임대료 수준이지만, 추후 임대료 상승 시에는 매매가 상승도 기대된다. 그럼 마곡 오피스텔의 분양가 수준은 적절하게 이뤄졌을까? 한번 타 지역과 비교해 보면 마곡의 오피스텔 가격을 정확하게 판단해 볼 수 있다.

당산역 삼성 쉐르빌 전용 23㎡	
임대가격	600,000/ 10,000,000
분 양 가	180,000,000원
특 징	9호선 당산역

투웨니퍼스트 전용 20㎡	
임대가격	500,000/ 10,000,000
분 양 가	122,000,000원
특 징	9호선 양천향교역

■ 영등포구 당산역 2008년 입주 오피스텔 vs 마곡지구 양천향교역 2015년 입주 오피스텔

마포 한강푸르지오시티 전용 23㎡	
임대가격	800,000/ 10,000,000
분 양 가	252,000,000원
특 징	2호선 합정역 인근

보타닉 푸르지오시티 전용 23㎡	
임대가격	600,000/ 10,000,000
분 양 가	158,000,000원
특 징	9호선 마곡나루역

■ 2호선 합정역 바로 앞 한강 푸르지오 시티 vs 마곡지구 마곡나루역 보타닉 푸르지오 시티

상기 두 개의 사례에서 보듯이 마곡지구의 오피스텔들은 같은 면적으로 비교해 볼 때, 상대적으로 경기도권에 분양 중인 오피스텔들과 가격대가 비슷했다. 이렇게 분양할 수 있었던 이유는 아무래도 토지 가격에 있다.

실제 오피스텔이 들어설 수 있는 용적률이 400% 이상인 상업지역의 상업용지와 업무용지는 서울의 웬만한 지역에서는 민간 토지가격이 평당 4,000~5,000만 원을 넘어선다. 그런데 마곡지구는 용적률 200%대의 서울의 빌라들이 들어설 수 있는 주거용지의 토지 매매가격인 2,000만 원대에 낙찰되어 공급되었다.

사실 건물의 건축 시 분양가에 가장 큰 영향을 미치는 것이 바로 토지 매매가격이다. 그런데 마곡지구는 건물의 감리기준이 엄격하여 에너지 관리 등급을 올리는 등 건축 비용이 훨씬 높게 들어갈 수밖에 없는 구조다. 하지만 워낙 토지 가격이 저렴하여 건축사 입장에서는 분양 가격을 경기도권의 가격으로 잡더라도 수지 타산이 많이 남게 되어 분양가를 낮추고 빠른 분양이 이뤄질 수 있었다.

이런 결과로, 마곡의 오피스텔 분양 가격은 상대적으로 저렴할 수 있었고 투자자에게는 그만큼 이익으로 이어질 수 있었다. 결국, 마곡지구의 기업체가 입주하고 서울식물원이 완성되어 도시가 완성될 즈음에는 오피스텔 임대료가 마포 및 여의도/당산역 정도의 수준만 되어줘도 수익률 수준이 7%를 넘어서게 된다. 마곡의 오피스텔 매매 가격과 임대료 수준은 충분히 오를 가능성이 있다고 판단한다.

03 마곡에서 대량으로 새롭게 시도되는 섹션 오피스

(1) 투자자들에게 생소한 섹션 오피스

마곡지구는 산업단지로써 기업인구가 많이 들어오는 신도시이다. 아무래도 사무실의 수요가 많을 것으로 예상된다. 그리고 마곡 지구의 지구단위 기본계획을 보면, 마곡의 업무 용지 중 오피스 용지가 상당히 많음을 알 수 있다. 그중에서도 마곡지구에서 오피스 공급이 이뤄지는 형태가 대부분 섹션 오피스[4]로 이루어졌다.

섹션 오피스는 아직 사람들에게 아직 많이 알려지지 않은 투자 형태로 아직은 투자가 활성화되지 않았지만, 마곡에서는 이런 소형 오피스가 대량으로 공급되면서 분양 시장이 뜨겁게 달아올랐다. 하지만 아직 임대 시장은 시작되지 않았다. 오피스는 주거용으로 사용하는 오피스텔과 비교하면 임대가 수월하다.

일반적으로 주거용 오피스텔은 임차인이 통상 10개월 정도에 한 번씩 바뀔 수 있다고 봐야 한다. 아무래도 주거용으로 사용하다 보니 이동이 빈번할 수밖에 없다. 반면 오피스의 경우, 기업이 한번 시설을 갖추고 자리잡게 되면 가능하면 정착을 하려 하고 특별한 일이 없으면 이전하지 않는 경향이 있다. 따라서 임대관리가 상대적으로 편하기도 하다.

---

4) 섹션 오피스 : 규모가 큰 업무용 빌딩을 잘게 쪼갠 것으로 섹션 오피스는 1개 층 단위로 분할 판매하거나, 1개 층 내에서도 작게는 전용 10평 미만부터 쪼개어 분양한 건물을 말한다. 섹션 오피스의 경우, 층별 공간이 나뉘어 있어서 투자자 입장에서 초기 투자비용이 적게 들어가 진입 장벽이 낮다는 강점이 있다. 그리고 오피스텔과 비교 시 사무실로 쓸 경우, 실별로 화장실/주방 등 업무에 불필요한 시설이 포함되지 않아 같은 공급면적이라도 오피스텔보다 공간 효용성이 훨씬 높다.

■ 마곡지구 섹션 오피스 블록과 공항대로 변 오피스 블록 첫 입주 오피스 센트럴타워 1차

다만, 섹션 오피스는 경기에 민감한 점은 투자 시 유의해야 한다. 최근 국내 경기가 안 좋아지면서 오피스의 대표적인 시장인 강남권/여의도권/광화문권 등의 중심지에서 최근 대형 빌딩들이 계속 입주하면서 공실률이 높아지는 점은 아무리 마곡의 입주 기업이 늘어난다고 하더라도 오피스 임차는 광역적인 영향을 받는 만큼 분명 우려되는 부분이다.

그러나 사무실의 공실률이 늘어나더라도 대략 서울 지역에서 평균적으로 10% 내외의 공실률인 점을 감안하면 역세권의 임차인이 좋아할 만한 건물의 시설들을 고려하고, 분양가와 임대료를 판단해 볼 때 적정 임대료가 가능하다면 공실을 피할 수 있다. 마곡에는 다행히 모든 건물들이 어느 정도 주차 시설을 갖추고 있으면서 규모도 중급 이상의 건물들로 이뤄져 있어 임차인들이 좋아한다. 그러나 섹션 오피스는 기존에 많은 사례가 없는 만큼 좀 더 자세히 살펴볼 필요가 있다.

(2) 타 지역 섹션 오피스 사례

오피스텔은 이미 다른 지역의 사례를 보면서 어느 정도 임차 예견이 된다. 하지만 섹션 오피스는 아직 사례도 많지 않은 상황이고, 실제 임대료 역시 파악이 어렵다. 따라서, 비교 분석은 어렵지만, 섹션 오피스 사례가 많지 않은 만큼 다른 지역의 오피스 임대 상황과 현황을 보며, 마곡의 오피스 임대 및 투자의 방향을 살펴보아야 한다.

① 대표적인 섹션 오피스 초기 사례 강남권 선릉역 '한신인터밸리 24'

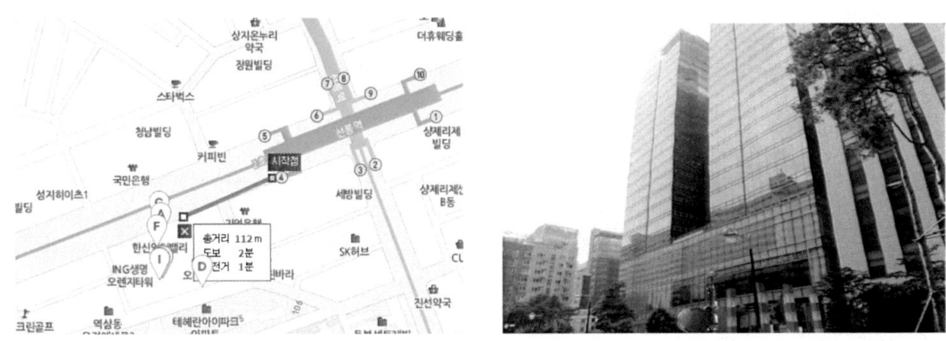

주소	서울특별시 강남구 역삼동 707-34외 11필지
규모	지하 7층/지상 23층(지하 1~5F 상가, 6~23층 오피스)
총 호실 수	연면적 : 24,000평/근린생활시설 174실, 사무실 677호
주차 / 입주 시기	306대, 2007년 8월 입주
사례 호실 분양가	공급면적 : 43.02평/전용면적 18.5평/분양가 : 344,000,000 (전용 평 단가 : 18,594,595원)
사례 호실 임대료	보증금 30,000,000/월 임대료 2,600,000원(현 수익률 9.93%) (전용 평당 임대료 : 140,541원)

대표적인 섹션 오피스 성공사례인 강남 선릉역 한신인터벨리 24는 초기 섹션 오피스 성공 사례로써 당시 대규모로 분양에 성공한 바 있다. 현재 전 호실 공실 없이 임대가 맞춰진 상황이며, 임대 수익률 역시 분양 당시 가격으로 계산해 보면 대출 없이 10%에 육박한다. 이런 상황이다 보니 10년이 지난 건물임

에도 불구하고, 매매 가격은 분양가 대비 거의 두 배 가까운 가격이다. 물론 강남권역의 역세권 건물과 비교하기에는 무리가 따르겠지만, 이런 성공 사례들을 바탕으로 섹션 오피스들이 대표적인 수익형 부동산으로 공급되고 있다.

② 서부권역 성공사례 오피스+오피스텔 신도림동 '미래사랑 시티'

주소	서울특별시 구로구 신도림동 365
규모	지하 5층/지상 30층
총 호실 수	3개 동, 오피스텔 664실, 오피스 504실
주차 / 입주 시기	1,210대, 2007년 8월 입주
사례 호실 분양가	공급면적 : 27평/전용면적 13.5평/분양가 : 234,000,000 (전용 평 단가 : 17,333,333원)
사례 호실 임대료	보증금 20,000,000/월 임대료 1,300,000원(현 수익률 6.67%) (전용 평당 임대료 : 96,296원)

신도림동 미래사랑 시티는 섹션 오피스가 한참 분양이 진행되던 시기에 주거용 오피스텔과 섹션 오피스 두 형태를 복합적으로 시행한 독특한 구조의 건물이다. 일단 2호선과 1호선 환승역인 신도림에 위치하면서 이 건물 역시 공실 없이 임차가 맞춰진 상황이다. 현재 매매가도 분양 당시보다 20% 정도 상승하였다. 또한, 임대료 역시 꾸준하게 상승하여 현재 입주 초기보다 10% 정도 상승하였다. 물론 물가 상승률을 감안하고 투자 대비로 보면 높은 상승률이라고

할 수 없지만, 점점 금리가 낮아지는 현실과 대안 투자가 특별하지 않다는 점을 생각해보면 좋은 투자 대안이라고 할 수 있다.

(3) 마곡의 섹션 오피스

■ 2017년 1월 현재 마곡의 섹션 오피스 현황 및 평 단가 비교

지하철역	오피스 명	7층 분양가	전용면적(평)	전용평단가
발산역	퀸즈파크 9	238,927,000	13.00	18,379,000
	퀸즈파크 10	197,595,000	13.14	15,037,671
	열린엠타워	317,000,000	14.52	21,831,956
	리더스타워	334,000,000	14.88	22,446,237
	센트럴타워 1차	194,478,000	12.74	15,265,149
	발산W타워	211,200,000	12.22	17,283,142
마곡역	싸이언스타	159,680,000	10.74	14,867,784
	보타닉파크타워2	204,957,000	10.17	20,153,097
	센테니아	196,157,156	10.63	18,453,166
	힐스테이트에코마곡역	129,400,000	6.63	19,517,345
	GMG 엘타워	235,110,000	11.67	20,146,530
	마곡이너매스	234,400,000	8.53	27,479,484
	퀸즈파크11	200,000,000	12.89	15,515,904
	센테니아 2	353,870,000	15.97	22,158,422
	마곡747타워	357,839,000	16.52	21,660,956
	류마타워	341,000,000	14.88	22,916,667
마곡나루역	더랜드타워	211,300,000	11.96	17,667,224
	센트럴타워 2차	217,500,000	11.69	18,605,646
	보타닉파크타워 1	189,090,000	11.04	17,127,717
	보타닉비즈타워	153,100,000	9.18	16,677,560
	더랜드파크	153,200,000	8.73	17,548,683
	프라이빗 1차	237,300,000	13.79	17,208,122
	프라이빗 2차	245,000,000	13.82	17,727,931

마곡지구는 아직 섹션 오피스가 검증되지 못한 투자 물건이다. 하지만 마곡지구의 확정된 기업 인프라와 지하철역과 공항 접근성의 교통 인프라를 감안하

면 강남만큼은 아닐지 몰라도 상당히 성공 가능성이 높다고 판단된다. 다만 우려스러운 점은 최근 분양성이 좋아지다 보니 지속적으로 토지 낙찰가가 높아져 분양가격이 상대적으로 높아진 점이다. 마곡의 섹션 오피스 역시 초기 분양한 오피스와 최근 분양하는 오피스 간 가격 차이가 상당히 있다.

마곡의 섹션 오피스를 타 지역과 비교해 보면 분명 건물의 규모가 크고 지역적인 장점으로 인해 향후 인기는 많을 것이다. 특히 마곡 오피스는 점차적으로 소형 기업이 많아지고 1인 사업자가 늘어나는 추세를 반영한 소규모 오피스 방식을 도입하였다.

또한, 건물에 따라서 다양한 서비스 면적과 공용 시설로 직원 휴게실 및 공용 회의장을 제공하는 등 첨단 시설이 도입되었다. 미래에 이런 시설들이 어떤 이점으로 작용할지 알 수 없지만, 분명 마곡의 오피스가 또 다른 투자의 대안이 될 것으로 보인다.

■ 마곡의 한 대형 오피스 전시관 사례

다만, 2017~2019년 초기 자리를 잡아갈 때 한꺼번에 이뤄지는 입주 물량으로 인해 초기 임차의 어려움은 어쩔 수 없이 감수해야 할 것이다. 물론 미래 가치를 본다면 분명 괜찮은 소액 투자 대상이라 판단한다.

프리미엄
풀퍼니시드

Dazzling future value

■ 부동산, 마곡이 미래다!

제4장

마곡지구의 투자자들 : 투자 사례를 통한 마곡 투자의 답안 찾기

1. 20대, 골드미스 여성, 오피스텔 투자로 임대사업에 눈을 뜨다
2. 30대, 1자녀 대기업 맞벌이 부부, 주거와 투자의 분리를 통해 마곡에서 자리잡다
3. 40대, 아파트에서 상가로 투자의 변화를 주고, 자녀 교육비를 해결하다
4. 50대, 은퇴 후 마곡의 상가 투자를 통해 행복한 노후생활의 방향을 찾다
5. 60대, 마곡지구의 기업체 앞 역세권 1층 상가 투자를 통해 자녀의 사업 아이템을 찾다

마곡지구는 신도시답게 다양한 투자자들이 있다. 주로 초반에는 2013년 분양되었던 아파트 위주로 투자가 이뤄졌다. 하지만 아파트 분양시장이 끝나고, 2014년 입주가 시작된 이후부터 아파트 가격 상승률이 높았던 만큼, 이제는 아파트보다는 대안으로 수익형 부동산 투자 사례가 늘어나고 있다.

앞에서는 마곡의 향후 미래 가치를 유형별로 살펴봤다면 이제는 다른 사람들은 어떻게 투자했는지를 살펴보자. 필자의 실제 고객들의 사례를 통해 연령별로 마곡의 투자자가 되는 방향을 정리해 보고, 이를 통해 독자 여러분들도 마곡의 투자에 한 걸음 다가설 수 있었으면 한다.

01 20대, 골드미스 여성, 오피스텔 투자로 임대사업에 눈을 뜨다

고등학교를 졸업하고 바로 증권사에 취직했던 김지영 님(25세, 가명)은 신입사원 때부터 필자와 자산관리 상담을 했던 고객이다. 필자가 종합 자산관리 일을 하면서 특히 신입사원 시절의 재테크에 대해 많은 상담을 해 주었고, 특히 월급 관리 방안에 대해 많은 조언을 했던 분이다. 매월 250만 원 정도의 세후 수입 중 130만 원씩 꾸준히 저축하여 3년이 지난 시점에는 금융자산으로 5,000만 원 정도를 보유하게 되었다.

이런 상황에서 금리는 낮아서 은행 이자도 얼마 되지 않고, 그렇다고 주식형 펀드 투자는 변동성이 큰 시장 상황이고, 자신도 증권사에 다니다 보니 손실을 경험하기도 해서 크게 마음이 가지 않는 상황이었다. 그리고 결혼 시기도 정해지지 않다 보니 수익형 부동산에는 관심은 많았지만, 어찌할지 모르는 상황에서 필자의 강의를 듣던 중 마곡 투자를 생각하고, 필자로부터 추천받아 오피스텔을 투자하게 된 사례이다. 이런 경우, 어떤 수익이 남고 어떤 결과를 가져왔는지 하나씩 살펴보자.

■ 김지영 님 2014년 자산 현황 & 2017년 현재 상황

변경 전 자산 현황(2014)		변경 후 자산 현황(2017)	
부동산 자산		**부동산 자산**	**37,000,000원**
해당 없음(부모님 동거)	-	마곡 오피스텔 분양가	117,000,000원
		(보증금)	(10,000,000원)
금융자산	**50,000,000**	**(담보 대출)**	(70,000,000원)
정기 예금 & **CMA**	30,000,000		
청약 저축	10,000,000	**금융 자산**	**45,000,000원**
연금 자산	10,000,000	CMA & 정기예금	15,000,000원
		청약저축	15,000,000원
		연금 자산	15,000,000원
계	**50,000,000원**	**계**	**92,000,000원**

2014년부터 분양을 시작했던 마곡의 초기 오피스텔은 분양가격이 저렴했다. 전용 면적 기준으로 6평 내외의 오피스텔은 1억 2,000만 원 안쪽의 분양가로 투자가 가능했다. 물론 현재는 매매 가격이 2,000만 원 정도 상승했다. 현재 임대는 1,000/45만 원 수준에서 월세를 받고 있다.

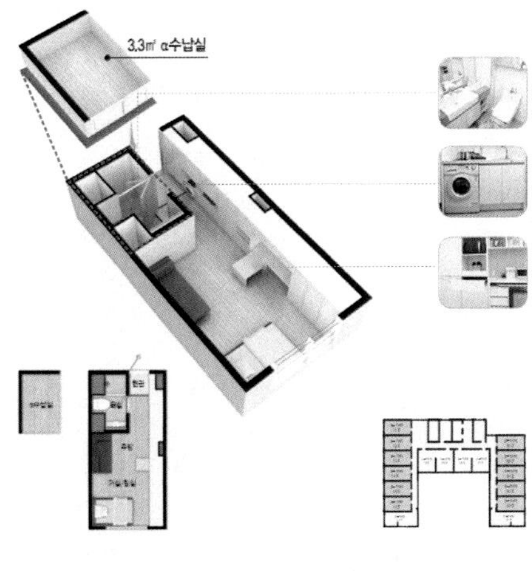

■ 양천향교역 원룸형 오피스텔 사례

2015년 상반기에 입주했던 이 오피스텔은 층고 3.3m 설계 및 상층부 수납공간의 배치와 같은 세입자 편의시설이 좋은 공간 구조로 인해 초기 분양 당시부터 인기가 많았던 오피스텔이다. 양천향교역에서 도보 5분 거리에 있는 이 오피스텔에는 임차인으로 항공사 승무원이 거주하고 있으며, 임대도 무리 없이 잘 진행되고 있다.

초기에는 마곡지구 오피스텔의 공급 과잉에 대한 우려로 걱정도 되었지만, 결국 수익률 측면에서 보면 김지영 님은 본 물건으로 인한 수익이 상당함을 알 수 있다. 2015년 입주 물건으로 주택임대사업 등록을 하면서 취득세도 면제받은 상황이다.

물론, 현재 주택임대사업자의 취득세는 일부 변경되어, 분양 물건에 대한 취득세는 전용 면적 60㎡ 이하에 한하여 2016년 1월부터 2018년까지 전체 취득세액이 200만 원을 초과하는 경우, 전체 취득세의 85%만 감면해 주는 것도 투자 전에 고려해야 한다.

■ 20대 김지영 님 투자 오피스텔 수익률 계산

임대수익 구성요소	금 액	비 고
1) 매매가(분양가)	**117,000,000**	김지영 님 투자 오피스텔 분양가
2) 임대 보증금	(10,000,000)	임대료 1,000/45만 원
3) 금융 대출	(70,000,000)	분양가 70% 대출 가능
4) 취득세	-	2015년 입주 오피스텔 주택 임대 사업자 등록 시 취득세의 100% 감면(오피스텔 원 취득세 4.6%)
5) 실제 투자비용	**37,000,000**	**실제 투자금액(1)-2)-3)+4))**
6) 연 임대료 수입	5,400,000	월 임대료×12개월
7) 연 금융 비용	(2,100,000)	3% 대출 금리 적용 월 175,000원
8) 연 수입 총액	3,300,000	실질 수입(6)-7)) 월 280,000원
9) 세전 수익률	**연 8.92%**	**8)/5) 연 임대 수익률**

위 표에서 보는 바와 같이 현 시세에서도 김지영 님은 3천7백만 원 투자로 매월 28만 원씩 임대소득을 받고 있다. 또한, 향후에 기업체가 입주하고, 서울식물원이 완공되는 등 임대료의 상승 가능성은 더욱 높다. 또한, 2016년 변경된 마곡지구 지구단위 계획안에 보면 더 이상의 오피스텔 공급이 없는 상황이라 과잉 공급에 대한 우려도 전혀 없게 되었다.

사실 미혼 여성들은 소비 패턴이 높은 이들도 많다. 하지만 매월 김지영 님처럼 월급 관리를 통해 공실 위험이 낮은 마곡의 오피스텔에 투자한다면 5,000만 원 이하의 금액으로도 임대사업을 시작해 볼 수 있다. 이런 상황이다 보니 김지영 님도 월세를 합하여 이제는 매월 200만 원 가까운 저축을 하고 있다.

그리고 조만간 추가 오피스텔 매입에 나설 계획도 갖고 있다. 그리고 결혼 전에 매월 100만 원의 임대 수익을 목표로 정하고 저축을 해나가고 있다. 오피스텔 투자는 많은 목돈이 필요하지 않는다. 만약 목돈 운영에 어려움을 겪고 있고, 임대사업을 시작해 보고자 하는 분이라면 마곡의 오피스텔에 관심을 가져 보도록 한다.

02 30대, 1자녀 대기업 맞벌이 부부, 주거와 투자의 분리를 통해 마곡에서 자리잡다

대기업 직장인 박성호 님(가명, 35세) 부부는 결혼 5년 차의 맞벌이 부부다. 현재 4살의 딸 한 명이 있다. 그동안 오르는 전세의 고민으로 직장이 옮겨오는 마곡의 입주를 꿈꾸다 2016년 청약저축 통장을 활용하여 마곡의 엠벨리 아파트 장기전세 SHIFT에 당첨되어 최근 입주하였다.

그리고 원래 회사의 이전으로 아파트를 알아보던 중 마곡지구의 아파트에 관심을 가졌지만, 단기간에 급등한 가격과 자신들의 자산 상황은 너무 많은 부채를 부담해야 해서 투자의 방향을 선회했다. 당시에 마곡의 오피스 분양이 시작되는 것을 보고 필자와의 상담을 통해 장기전세 SHIFT 입주와 마곡 오피스 투자를 추천받고 실행하여 결국 모두 이루게 된 사례이다.

■ 박성호 님 2015년 자산 현황 & 2017년 현재 상황

변경 전 자산 현황(2015)		변경 후 자산 현황(2017)	
부동산 자산	**350,000,000**	**부동산 자산**	**352,300,000원**
동작구 아파트전세보증금	350,000,000	엠벨리 장기전세보증금	264,000,000원
		마곡 오피스(세금 포함)	188,300,000원
		(보증금)	(10,000,000원)
		(담보 대출)	(90,000,000원)
금융자산	**65,000,000**	**금융 자산**	**83,000,000원**
CMA & 정기 예금	30,000,000	CMA & 정기예금	40,000,000원
청약 저축	15,000,000	청약저축	17,000,000원
연금 자산	20,000,000	연금 자산	26,000,000원
계	**415,000,000원**	계	**435,300,000원**

30대 박성호 님은 필자가 마곡에서 일하기 시작한 초기에 자산관리 상담을 했던 고객이다. 맞벌이 부부 두 분 모두 대기업에 다니고 있어 합산 소득이 세후로 1,000만 원이 넘는 고소득자들이었다. 결혼 당시 부모님께 아파트 전세 보증금을 지원받아 주거를 해결하였지만, 두 번의 전세 이사를 통해 오르는 전세 보증금으로 스트레스를 많이 받는 상황이었다.

2017년부터 부인의 회사는 여의도이고, 남편의 회사가 마곡지구로 이전하게 되는 상황이었다. 교통 여건 및 투자 가능성을 감안하여 마곡의 아파트를 알아보다가 필자와 상담을 한 사례자이다. 당시 두 분의 자산으로 전 재산을 다 쓰더라도 약 2억 이상을 대출받아야 하는 상황이었다.

그리고 자녀의 육아 문제로 부인이 휴직을 하거나 일을 그만둘 수도 있는 상황이었기 때문에 2억의 대출은 무리라고 판단했다. 또한, 부부 두 분을 자세히 보니 오래된 청약저축통장이 있었고, 가능하면 마곡에는 장기전세 SHIFT 주택이 많으니 이를 감안해 주거와 투자를 분리하는 방안을 추천했다.

그리고 장기 전세에 당첨되어 거주하게 되면 주택 및 주거용 오피스텔은 매수하면 장기 전세 거주 자격이 박탈되는 만큼 투자는 주거용이 아닌 상업용으로 1억 이하 투자가 가능한 마곡지구 첫 입주 섹션 오피스를 추천하게 되었다. 최근 마곡지구에서 가장 분양 분위기가 좋은 물건들이 바로 섹션 오피스다. 박성호 님의 수익률 투자 내용을 살펴보자.

■ 박성호 님이 투자한 전용 면적 12평 섹션 오피스

박성호 님 부부가 투자한 오피스는 마곡지구 첫 입주 오피스로 발산역 공항대로 변에 위치한 사무실 건물이다. 마곡의 오피스 중 초기 분양 오피스라서 분양 가격이 최근 분양하는 오피스에 비하면 20% 이상 낮았다. 그리고 2016년 9월에 준공되어 입주가 시작된 건물이다.

주변이 아직 공사장인 상황이므로 비록 역세권이고, 신축 건물이긴 하지만 임대 상황이 좋지 않아 초기 예상(주변 신축 오피스 임대 시세전용 1평당 7만 원/현 임대료 전용 1평당 5만 원)보다는 낮게 인테리어 사무실로 임대를 준 상황이다. 그러면 현재 상황에서 수익률 계산을 해보면 아래와 같다.

■ 박성호 님 오피스 임대 수익률 현황

임대수익 구성요소	금액	비고
1) 매매가(분양가)	180,000,000	박성호 님 투자 오피스 분양가
2) 임대 보증금	(10,000,000)	임대료 1,000/60만 원
3) 금융 대출	(90,000,000)	분양가 70% 대출 가능/50% 대출받음
4) 취득세	8,280,000	주택 제외 취득세 4.6%
5) 실제 투자비용	**88,280,000**	**실제 투자금액(1)-2)-3)+4))**
6) 연 임대료 수입	7,200,000	월 임대료×12개월
7) 연 금융 비용	(2,970,000)	3.3% 대출 금리 적용 월 247,500원
8) 연 수입 총액	4,230,000	실질 수입(6)-7)) 월 352,500원
9) 세전 수익률	**연 4.80%**	**8)/5) 연 임대 수익률**

박성호 님의 오피스의 경우, 마곡 첫 입주 오피스로 임대료를 많이 낮게 책정한 것은 사실이다. 하지만 이제 마곡에서 2017~2019년까지 상당히 많은 수의 오피스가 입주를 앞두고 있다는 점에서 필자는 최대한 빨리 임차 계약을 하는 게 중요할 것으로 판단하여 초기 낮은 임대료를 수용할 것을 제안하였다.

그리고 분양가 낮은 상황에서 투자한 만큼 대출 활용 시 4.8% 정도의 수익률이면 조금 아쉽지만 괜찮은 것으로 상호 이해하기로 하였다. 또한, 현재 분양하는 섹션 오피스들이 입지도 해당 물건보다 좋지 않으면서 거의 1.5배 높은 가격에 형성되는 만큼 향후 임대료 상승을 기대하고 매매가 상승을 함께 생각하면서 만족하고 있다.

결국, 박성호 님은 장기전세로 20년간 주거를 안정화할 수 있었다. 또한, 매월 임대 소득이 발생하는 만큼 매월 저축을 늘린 상황으로 2년 정도 자금 확보시

이제는 상가 투자를 목표로 하고 있다. 임대 소득을 받기 시작하면 많은 분들이 매매 차익도 좋지만, 추가적인 월 소득에 대해 많이들 만족한다. 임대소득을 위한 수익형 부동산을 생각한다면 1억 이하의 투자 금액으로도 투자 가능한 마곡의 섹션 오피스도 하나의 대안일 수 있다.

03 40대, 아파트에서 상가로 투자의 변화를 주고, 자녀 교육비를 해결하다

40대에 두 자녀를 두고 있고 남편이 사업을 하는 최미영 님(가명, 43세, 마곡 엠벨리 거주)은 그동안 재테크에 관심을 갖고 아파트 매매를 통해 어느 정도 자산을 형성했다. 특히 아파트 청약제도를 활용하기도 하고, 높은 전세 보증금을 감안한 갭투자도 했었다. 지금도 아파트 2채를 보유 중으로 현재 마곡의 엠벨리 단지에 거주하고 있고, 나머지 한 채는 목동에 보유 중이다. 그리고 엠벨리 매수 시에 양도소득세 산정 시 주택 미포함 혜택까지 받은 상황이다.

그러나 최근 자녀 교육비가 많이 들어가는 상황이고, 남편의 사업 역시 예전만 못하여 수입이 조금씩 줄어들면서 저축 여력이 없어 매달 생활하는 것에 불안함을 느껴, 아파트를 일부 매도하고 월 소득을 늘려가는 방안을 고민 중에 마곡 지구 투자를 선택하고 필자의 사무실을 방문하여 상가 투자를 실행한 분이다.

■ 최미영 님 2016년 자산 현황 & 2017년 현재 상황

변경 전 자산 현황(2016)		변경 후 자산 현황(2017)	
부동산 자산	**1,360,000,000**	**부동산 자산**	**1,233,000,000원**
목동 아파트 148㎡ 시세	1,250,000,000	엠벨리 7단지 아파트	860,000,000원
(전세 보증금)	(700,000,000)	마곡 1층 상가	523,000,000원
엠벨리 7단지 147㎡	860,000,000	(임차 보증금)	(50,000,000원)
금융자산	**120,000,000**	**금융 자산**	**247,000,000원**
CMA & 정기 예금	90,000,000	CMA & 정기예금	177,000,000원
연금 자산	30,000,000	채권혼합형 펀드	20,000,000원
		연금 자산	50,000,000원
계	**1,480,000,000원**	계	**1,480,000,000원**

우선 최미영 님은 지금까지 임대 수익형 부동산 투자를 해본 적이 없었다. 그리고 예전에 살던 아파트 매도도 사실 쉽지는 않았다. 어려운 과정을 거쳐서 부동산 자산의 리모델링을 컨설팅하게 되었다. 그리고 가장 큰 것은 바로 아파트 1주택 비과세 여건(물론 9억 초과분에 대해서는 일부 세금이 부과되었다)을 가져갈 수 있었기 때문에 조정이 가능하게 되었다.

그리고 자산의 특성을 보면 최미영 님의 성향도 알 수 있다. 우선 리스크를 굉장히 싫어하는 성격이라 대출을 꺼려하는 것도 특이점이었다. 원래 상가와 같은 수익형 부동산은 필자의 경우, 대출을 적절히 활용할 것을 권한다. 특히 소득세 측면과 물건 선택의 범위가 넓어지는 등 장점이 많기 때문이다.

하지만 끝까지 대출 없이 투자할 수 있는 물건을 찾아 어쩔 수 없이 전용 면적 7평의 1층 상가를 매수할 수 있었다. 앞의 마곡 지구의 상가 편에서도 다뤘지만, 소형 상가가 투자 가치가 많은 경우가 있다. 바로 그런 상가 투자를 하게 된 사례인데, 최미영 님의 상가 투자 사례를 하나씩 살펴보자.

■ LG사이언스파크 본관 주 통로 앞 정면 위치 상가 - 커피숍 임대 상황

최미영 님 투자 상가는 전용면적 6.5평대 상가로 소규모 상가이다. 실제 해당 점포 임차인 역시 1층 상가를 임차하면서 2층 상가 39평을 함께 임차를 얻어 커피숍을 운영하려 하고 있다. 상가의 입지는 다음 지도를 보면 커피숍 위치로는 최적지이다.

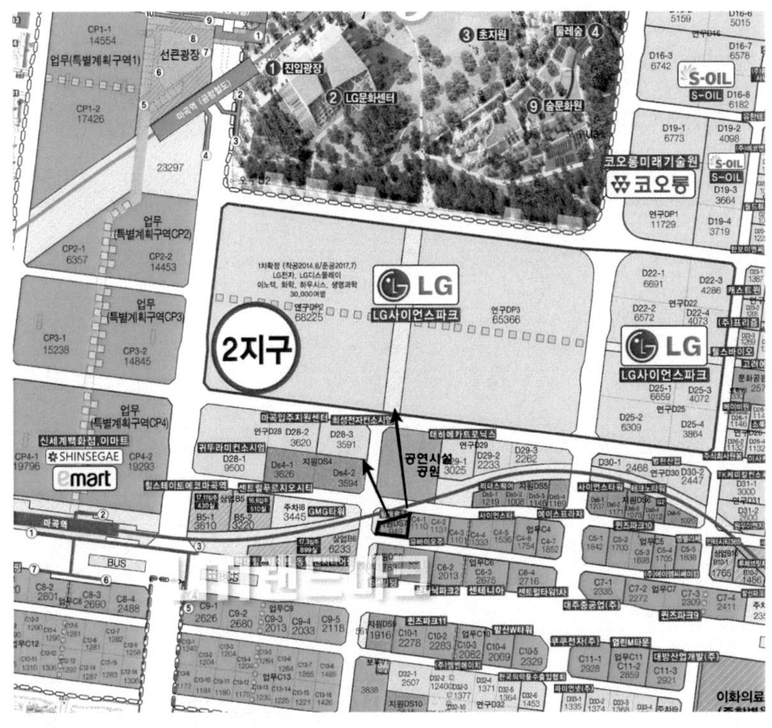

우선 희성 전자와 LG사이언스파크에서 정면으로 노출되는 위치에 입점하였다. 또한, 바로 앞으로 2,500평 정도 면적의 공연 시설이 있는 공원이 바로 앞에 위치하여 전면의 노출도가 매우 좋다. 따라서 커피숍 프랜차이즈 업체에서도 여기에 커피 자리를 선점하려 선임차 계약을 진행했다. 지도에서 보는 바와

같이 대기업 바로 앞 입지로써 화살표 방향으로 기업체 출퇴근 동선에서 노출되기도 한다. 초반에 이런 장점으로 임차 계약을 진행하면서 최미영 님은 상가를 매수하게 되었다. 그럼 수익률은 어떻게 되는지 살펴보자.

■ 최미영 님 부부 상가 커피숍 임대 계약 수익률 계산

임대수익 구성요소	금액	비고
1) 매매가(분양가)	500,000,000	최미영 님 투자 상가 분양가
2) 임대 보증금	(50,000,000)	임대료 5,000/200만 원
3) 금융 대출	해당 없음	분양가 70% 대출 가능
4) 취득세	23,000,000	주택 제외 취득세 4.6%
5) 실제 투자비용	**473,000,000**	**실제 투자금액((1)-2)-3)+4)**
6) 연 임대료 수입	24,000,000	월 임대료×12개월
7) 연 금융 비용	해당 없음	3.3% 대출 금리 적용
8) 연 수입 총액	24,000,000	실질 수입((6)-7)
9) 세전 수익률	**연 5.07%**	**8)/5) 연 임대 수익률**

본 상가의 경우, 7년의 임차 계약을 했다. 커피숍 임차 계약 시 사실 임차인에 대한 배려가 필요하다. 일단, 초반에 공사장 상황에서 임차인이 선 투자를 하는 만큼 렌트프리[5] 조건 등을 수용해야 할 필요가 있다. 상가는 사실 임차인과 임대인의 공동 사업적인 성격을 가진다. 임차인이 잘되어야 상가의 가치도 올라간다. 그리고 권리금이 발생하는 상가라면 임차인이 임대료 연체 등의 가능성이 낮아지므로 임대인에게도 큰 도움이 된다.

---

5) 렌트프리 : 원래 오피스 빌딩 또는 상가 주인들이 장기 임차인 유치를 위해 일정 기간 무상으로 업무공간을 사용할 수 있도록 제공한 서비스다. 지역, 업체, 상가 규모와 입점 업종에 따라 다소 차이가 있을 수 있으나 보통 치과나 학원처럼 상권 활성화에 도움이 되는 우량 임차인에게 대개 3개월~1년 정도 무상 임대하는 경우가 많다.

그런데 마곡지구는 구조적으로 초기에 힘들 수밖에 없다. 이 상가도 입지는 좋지만, 상가의 입주가 2016년 11월에 시작했고, LG의 입주는 2017년 2사분기 이후에 이뤄진다. 즉, 6개월 정도는 임차인의 영업이 힘든 기간이 있을 수밖에 없다. 그런데 커피숍의 경우, 다른 업종보다는 시설 투자 및 인테리어 투자가 많이 이뤄진다. 따라서 임차인의 배려 차원에서 초기에 혜택을 줄 필요가 있다. 상기 임대차 계약 역시 7년으로 하면서 렌트프리 기간을 6개월을 주었다. 대신, 매년 3%씩 임대료를 인상하는 조건으로 계약하게 되었다. 최미영 님은 해당 자금으로 한동안은 자녀 둘의 교육비를 해결하고자 한다. 그리고 상가의 가치로 보면, 최미영 님의 상가 주변으로 분양가들이 올라가면서 매매가도 상승하였고, 임대 수익률이 현재는 5.58%이지만, 향후 임대 수익률은 시간이 갈수록 올라갈 것으로 보인다.

04 50대, 은퇴 후 마곡의 상가 투자를 통해 행복한 노후생활의 방향을 찾다

필자는 현재 마곡에서 부동산 분양 및 중개 업무를 하지만, 원래 은퇴자들의 자산 관리를 많이 상담해 주곤했었다. 우리나라 50대들은 대다수가 집 한 채 대출 없이 갖고 은퇴를 한다. 그리고 은퇴 자금이 부족하여 은퇴 이후 생활에 대한 많은 고민을 한다.

게다가 보통 은퇴 시점이 자녀들의 교육이 끝나기 전이 대부분이다 보니 많은 분들의 고민이 늘어난다. 이런 시기에 주택을 활용한 노후 준비는 필수이다. 이번 사례자는 바로 이런 고민을 해결하고자 자산의 변경을 모색 중 필자와 상담을 통해 자산 관리의 방향을 정했다. 마곡의 수익형 부동산을 제대로 활용한 분이다.

김영순 님(56세, 가명)은 주부로 얼마 전 대기업에 다니는 남편이 은퇴하여 심각한 위기 의식을 갖고 있다. 남편의 직장이 그래도 공기업으로 만으로 60세까지 직장 생활을 했다. 그리고 늦게까지 직장 생활을 하다 보니 자녀들이 모두 독립 후에 은퇴하여 주변의 부러움을 많이 사고 있기도 하다.

그러나 자녀들의 출가 비용으로 퇴직금을 쓰고 하다 보니 현재는 자금이 많지 않고, 소득 역시 국민연금으로 받는 130만 원의 소득이 전부로 앞으로 노후 자금이 고민되는 상황이다. 이런 상황에서 부동산의 변화만으로도 얼마든지 이런 고민의 해결 방법을 찾을 수 있다.

■ 김영순 님 부부 2016년 변경 전 & 2017년 변경 후 자산현황

변경 전 자산 현황(2016)		변경 후 자산 현황(2017)	
부동산 자산 발산역 40평대	**750,000,000** 750,000,000	**부동산 자산** 마곡 20평대 아파트 마곡 2층 상가 (임차 보증금) (대출 금액)	**696,000,000원** 330,000,000원 516,000,000원 (50,000,000원) (100,000,000원)
금융자산 CMA & 정기 예금 연금 자산	**150,000,000** 90,000,000 60,000,000	금융 자산 CMA & 정기예금 채권혼합형 펀드 연금 자산	**247,000,000원** 107,000,000원 30,000,000원 110,000,000원
계	**900,000,000원**	계	**900,000,000원**

김영순 님 부부의 자산 현황에서 가장 중요한 핵심은 주거용 자산의 다운사이징이다. 그동안 부부 두 사람은 40평대 아파트에 살고 있었다. 하지만 부부 연금 자산만으로 생활을 해나가기에는 소득이 적고, 매월 금융자산에서 곶감 빼먹듯 자금이 줄어드는 상황이었다.

우선 필자가 주목한 부분은 두 분만 생활하면 되기에 아파트 면적 축소였다. 따라서, 40평대 아파트를 매도하고, 두 분의 노후생활에 적합한 마곡의 서울식물원 주변의 24평형대 아파트로 이전을 추천하였고, 이대로 실행하였다.

그런데 놀라운 일은 40평대 아파트는 매도 이후 가격이 그대로였지만, 20평대 아파트는 시세가 무려 1년만에 7,000만 원 이상 상승하였다. 그리고 두 분이 분양받은 2층 상가의 경우, 2016년 9월에 준공되었고, 2016년 12월에 병원으로 임대가 되었다. 투자했던 상가에 대해 살펴보자.

■ 김영순님 투자 상가 현재 모습 & 입지 조건

김영순 님이 투자한 상가는 마곡지구 전체에서 대로 노출도가 가장 좋은 상가 중 하나이다. 우선 마곡의 가장 메인대로인 공항대로 변에 있으면서 바로 앞에는 50m 폭의 광장이 있어 유동인구도 늘어날 곳이다. 또한, 마곡역 3번 출구 바로 앞에 위치하여 입지 면에서는 가장 좋은 호실이기도 하다. 마지막으로 바로 대로 앞에는 버스 중앙차로가 접해 있어 유동인구를 늘릴 수 있는 모든 요소를 갖추고 있다.

그런데 사실 이곳은 2016년 8월에 준공 검사 후 사용 승인이 이뤄졌지만, 아직은 바로 앞 가로 공원의 공사가 진행 중이고, 앞 건물인 힐스테이트 에코 오피스텔이 2017년 3월 말 입주 예정이어서 한동안 공사장 형태로 임차에 어려움을 겪었다. 이런 약점에도 불구하고 최근 병원 임차가 이뤄졌다. 그리고 안정적으로 임차료를 받을 수 있게 되었다. 그 수익률을 살펴보자.

임대수익 구성요소	금액	비고
1) 매매가(분양가)	493,000,000	김영순 님 투자 상가 분양가
2) 임대 보증금	(50,000,000)	임대료 5,000/190만 원
3) 금융 대출	(100,000,000)	분양가 70% 대출 가능
4) 취득세	23,000,000	주택 제외 취득세 4.6%
5) 실제 투자비용	**366,000,000**	**실제 투자금액((1)-2)-3)+4)**
6) 연 임대료 수입	22,800,000	월 임대료× 12개월, 월 1,900,000
7) 연 금융 비용	(3,300,000)	3.3% 대출 금리 적용, 월 275,000
8) 연 수입 총액	19,500,000	실질 수입((6)-7) **월 1,625,000**
9) 세전 수익률	**연 5.33%**	**8)/5) 연 임대 수익률**

대로변 광장 앞 위치의 장점으로 한 중개 사무소에서 병원으로 임차를 맞추게 된 사례이다. 병원 임차 시 장점은 아무래도 시설비 및 인테리어, 의료 장비들이 고가인 관계로 한 번 임차하게 되면 임차인이 잘 바뀌지 않는 장점이 있다. 그리고 장기 계약으로 진행되어 안정적인 월세 소득도 가능하고, 건물의 가치도 높아진다.

많은 장점을 갖는 상황으로 김영순 님 부부에게는 적합한 임차인이며, 수익률 역시 안정적인 노후 생활을 즐기기에는 더할 나위 없는 계약이었다. 이렇게 되면 기존의 연금 소득 130만 원에다가 임대소득 163만 원 정도를 더하면 이제 부부 두 분의 노후 생활은 여유있게 된다. 그리고 향후 임차료의 상승도 예상 된다는 것까지 감안하면 더욱 부부 두 분에게 좋은 투자 상품이 되었다.

05 60대, 마곡지구의 기업체 앞 역세권 1층 상가 투자를 통해 자녀의 사업 아이템을 찾다

필자의 마곡 지구 투자자 중 마지막 사례자인 전미자 님(가명, 68세) 부부는 사실 자산 측면에서는 아무런 고민이 없는 분이었다. 이미 기존에 상가 건물도 가지고 있고, 월 임대 소득도 2,000만 원 가깝게 올리고 있었다. 그런데 단 하나의 고민은 자녀의 취업 문제였다.

자녀가 해외 유학도 다녀오고, 분명 취업도 될 수 있는 상황이긴 하지만, 취업보다는 사업에 관심이 많았고, 특히 커피 관련해서 전문지식도 취득하고, 소질도 있는 듯 보였다. 그래서 직업도 현재 프랜차이즈 커피숍에서 점장으로 바리스타 일을 하는 상황이었다.

열심히 하는 자녀를 보며, 이번에 커피숍을 하기 위한 자리로 마곡지구 쪽 상가를 찾는 중 필자의 소개로 한 상가를 매수하게 되었다. 앞에 사례자도 어떻게 하다 보니 커피숍 상가였지만, 그만큼 마곡지구에 유망한 업종 중 하나가 커피숍이기도 하다. 마곡지구는 업무 지구로 오피스가 다양한 업종으로 역별로 많이 들어오게 된다.

마곡은 아직 많은 기업들이 입주 예정일 뿐 들어온 상황이 아니라서 커피 업종의 사례를 찾기는 어렵다. 하지만 마곡과 유사한 곳에서 커피 업종의 현황을 살펴보면 마곡의 커피숍 입지가 어디가 좋은지 어느 정도 유추가 가능하다.

■ 마곡과 유사한 R&D 단지 우면동 삼성 R&D 캠퍼스 앞 직장인 상권의 커피숍 모습

마곡과 유사한 상권은 아니지만 동일하게 R&D 기업으로 입주한 곳이 서초구 우면동의 삼성 R&D 캠퍼스 인근을 전체적으로 유사하다고 판단하였다. 실제 현장을 가 보니 현재 삼성전자 R&D 캠퍼스의 경우, 총 연구 인원 5,000명이 상주하고 있고, 향후 두 배로 늘어날 곳으로 이곳도 발전계획이 참 많은 곳이었다.

다만, 우면동의 경우에는 지하철역이 없어서 교통 여건이 좋지 못하고, 주변에 배후 인구 유입 효과가 많지 않아 단지 삼성 R&D 캠퍼스만을 위한 상권으로 상가들이 배치되어 있었다. 그런데 배후 5,000명 만으로도 무려 15개의 커피숍이 성업 중이었다. 필자가 조사한 바로는 각 커피숍 별로 일 매출 80~150만 원 정도를 달성하고 있었다.

그리고 회전율이 높아 테이크 아웃의 비율이 높은 것도 특징이었다. 일반적으로 커피숍은 주거 상권보다는 업무 상권에서 그 매출이 높다. 마곡은 바로 업무 상권이다. 그리고 업무 상권의 단점도 있다. 바로 주 5일 상권이라는 점이다. 하지만 필자가 소개한 상가는 그 점도 상쇄할 수 있는 위치였다. 상가를 살펴보자.

■ 발산역 앞 메인 상권 중심의 전미자 님의 자녀 사업을 위한 투자 상가

2017년 2월 입주를 앞둔 전미자 님의 투자 상가의 경우, 마곡의 첫 번째 형성 상권인 발산역 상권의 역 출구에서 1분 거리에 위치한 초역세권 상권이다. 이 자리의 경우, 바로 앞 50m 폭의 광장이 있으며, 바로 앞에 중소기업 연구소를 두고 있다.

또한, 이곳은 중소기업 블록의 출퇴근 동선과 LG사이언스파크 발산역 블록의 출퇴근 동선이 합류하는 지점에 광장을 바로 앞에 두고 있는 커피숍이기도 하다. 상가의 노출도와 유동인구는 정말 많을 것으로 판단된다.

또한, 주말 매출도 높을 것으로 예상하는 이유는 우선 상가 건물이 레지던스 호텔의 1층 상가이며, 역세권 광장 앞이라는 점이다. 기업체 직장인이 모이기도 하지만 유명 상권으로 역세권 앞 유동인구들도 주말에 모이게 될 장소이다. 그리고 호텔을 이용하는 외국인까지 감안하면 향후 커피숍 입지로는 최고로 판단하였다.

이처럼 마곡에는 직장인을 대상으로 하는 업종이 들어올 상가들이 많이 있다. 그리고 동선을 잘 보면 직접 상가를 사서 사업하고자 하는 분들이라면 반드시 눈여겨 볼 만하다. 16만의 직장인이 있는 마곡에서 직장인 대상 사업은 성공 가능성이 높다고 할 수 있다. 이런 상가를 초기에 선점할 기회가 있는 마곡을 눈여겨 볼 필요가 있다.